y Refranes
de México

Por la Superación del Ser Humano y sus Instituciones

Jorge Mejía Prieto

Albures y Refranes de México

PANORAMA EDITORIAL

Portada:
La Cantina.
Acuarela de Jorge Murillo.
Colección particular de
Justo R. Molachino.

ALBURES Y REFRANES DE MEXICO

Derechos Reservados

Primera edición: 1985
Decimacuarta reimpresión: 2004
© Panorama Editorial, S.A. de C.V.
    Manuel Ma. Contreras 45-B
    Col. San Rafael 06470 - México, D.F.

Tels.: 55-35-93-48 • 55-92-20-19
Fax: 55-35-92-02 • 55-35-12-17
e-mail: panorama@iserve.net.mx
http://www.panoramaed.com.mx

Printed in Mexico
Impreso en México
ISBN 968-38-0132-3

Indice

Para José Eduardo López Latorre,
quien ama las expresiones
del folclor verbal
de México

Introducción

Trata este libro de dos aspectos fundamentales y complementarios del folclor verbal de nuestro país, ambos insoslayables para el conocimiento de las esencias y comportamientos culturales del mexicano.

La primera parte de la obra se ocupa de reunir observaciones sobre los albures, forma peculiar del folclor urbano nacional, hecha a base de alusiones de doble sentido, y cuyo ejercicio da lugar a sorprendentes escaramuzas orales.

Consta la segunda parte de una colección —organizada alfabéticamente— de dichos, dicharachos y refranes de México, que, con la brevedad ejemplar característica del género, ponen de manifiesto recelos, malicias y agudezas populares. Pero además, no debe olvidarse que los refranes constituyen una enseñanza viva. Bien ha dicho Andrés Henestrosa: "Un dicho y un refrán suelen concretar situaciones, y abrir ante nuestros ojos un rumbo, poner en nuestra voluntad una decisión, decidir un paso inicial. Y no de modo caprichoso o casual. Los dichos y los refranes son el resumen de la sabiduría humana acumulada en muchos años de experiencia".

Finalmente, es oportuno señalar que el volumen está dirigido al amplio público lector no especializado en folclor lingüístico, pero deseoso de examinar expresiones verbales animadas por el pensar y el sentir del pueblo, ese pueblo que a fin de cuentas es el verdadero autor de estas páginas, puesto que suyas son las sentencias, ocurrencias y donaires que contienen.

Los albures

Definición de albur

Los diversos diccionarios de mexicanismos, o que en sus páginas incluyen mexicanismos, definen la palabra **albur** como retruécano, equívoco malicioso, voz de doble sentido. Por cierto, es muy notoria en el vocablo **albur** la influencia del término **calambur,** palabra francesa que justamente significa retruécano, juego de palabras, equívoco.

Alburero o **alburucero** se le dice en nuestro país al individuo dado a emplear los **albures,** calambures o retruécanos.

A la definición de **albur** ofrecida por los diccionarios nacionales, cabría añadir que el **albur** es un recurso de la picardía popular de México, cargado de connotaciones sexualmente agresoras; para cuyo ejercicio acertado se requieren gran destreza de palabra e imprescindible agilidad mental; y cuyo origen y desarrollo han tenido lugar, según todos los indicios, dentro de los marcos del folclor urbano.

Un poeta habla de los albures

En un volumen autobiográfico de Marco Antonio Montes de Oca (**Empresas Editoriales,** México, 1957), dicho poeta se refiere así a la deslumbradora experiencia que para él constituyó en su temprana juventud el descubrimiento del juego oral y mental de los albures, en labios de jóvenes de las clases populares:

9

"El obrero, para imponerse en su medio, alcanza mediante juegos verbales toda su insatisfecha sed de preeminencia. El más alburero es siempre un líder potencial, el caudillo anónimo que pone en su sitio al más pintado con impredecibles recursos del ingenio. Juan Caldera y 'El perro', a poco de conocerlos, se me revelaron como indudables maestros en el poco escrutado arte del albur. En aquella especie de jazz verbal, mis albures devolvían con pobreza el limpio reto verbal. Yo siempre salía derrotado en esos duelos donde la palabra improvisada se asesta como un golpe, en esos duelos donde una mágica puntería nacida en el corazón de las palabras, cumple la función del espadazo certero y del relámpago que anonada. La precisión y viveza de tales malabarismos, fracasan cuando no se mantienen dentro de la mayor cohesión y agresividad. Al rebatir sin éxito sus burbujeantes andanadas, 'El perro' me miraba con infinita benevolencia. Mis intervenciones equivalían a la falta de swing en el jazz. La carencia de cierto elemento volátil contraía los poderes del lenguaje a su mera condición utilitaria. Lo que más me intimidaba no era, ciertamente, la precisión que mis amigos alcanzaban acertando con sus dardos orales, toda suerte de blancos móviles o fijos; sino, más bien, el hecho prodigiosamente irónico de que mi amor propio, amparado en una mayor cultura y en estudios que pugnaban por agotar ciertas posibilidades combinatorias del lenguaje, hallaban de pronto, en estos hombres que nada pretendían, una hermosa, intuitiva, inolvidable lección basada en el más encendido amor a las palabras".

Octavio Paz y los mecanismos del albur

Otro importante poeta mexicano y hombre de letras de valía reconocida, Octavio Paz, al ocuparse de la tarea de subversión, violencia, trastrueque, destrozo y torcedura que el cultor de poesía debe aplicar a las palabras, dijérase que alude claramente a los mecanismos, cambios de sentido y juegos salvajes de los albures:

"Dales la vuelta,
cógelas del rabo (chillen, putas),

azótalas,
dales azúcar en la boca a las rejegas,
ínflalas, globos, pínchalas,
sórbeles sangre y tuétanos,
sécalas,
cápalas,
písalas, gallo galante,
tuérceles el gaznate, cocinero,
desplúmalas, toro,
buey, arrástralas,
hazlas, poeta,
haz que se traguen todas sus palabras".

Eso es exactamente lo que hace el alburero experto con las palabras: darles la vuelta, modificarles el significado, torcerles la intención, hacerlas de nuevo, estallarlas para que los interlocutores reciban el golpe y se traguen todas sus réplicas o rechazos.

No deja de ser significativo el hecho de que los poetas alaben los albures o identifiquen sus mecanismos verbales con los de la poesía.

Juego freudiano

El lenguaje de los albures es alegórico, secreto y erizado de filos. En él la agresión es de carácter masculino, simbólico y sexual; y el elemento femenino se ve convertido, de manera también simbólica, en objeto pasivo de uso y abuso.

Pueden considerarse los albures como juego freudiano, dada su obsesión totalizante por el sexo. En efecto, no pocos críticos han objetado en las teorías de Freud su afán de hacer depender la totalidad de actos, hábitos y tendencias de motivaciones sexuales. De modo similar, el albur gira sobre una manía sexualizante que encuentra formas y funciones relativas al sexo en los objetos y acciones más variados y disímbolos.

Surgimiento de los albures

¿Cuándo y cómo surgieron por vez primera los albures, esa expresión típica de la picardía de México? Al igual que ocurre con las demás expresiones nacidas del alma del pueblo, resulta imposible precisarlo. Sin embargo, no es aventurado suponer que los albures aparecieron como parte del folclor urbano y como forma de reto y disimulo frente a las normas de obediencia y cortesía impuestas por una sociedad gazmoña y opresiva.

De ser así, los albures surgieron como respuesta del ingenio para vejar a hipócritas y pudibundos, quienes se mostraban escandalizados ante las malas palabras que "léperos" y "pelados" osaban lanzar en ocasiones.

Un producto de folclor urbano

La tesis de que los albures son un producto, no sólo del folclor urbano, sino específicamente del folclor verbal de la gran ciudad, se apoya en la observación de las formas que el lenguaje asume en las expresiones populares de origen provinciano inequívoco, por ejemplo en ciertos refranes. Analicemos. En el refrán "A las mujeres bonitas y a los caballos buenos los echan a perder los pendejos", las alusiones se hacen directamente, sin andarse por las ramas ni valerse del doble sentido. Lo mismo ocurre en otros refranes mexicanos de evidente origen campesino que el lector puede consultar en la segunda parte de este libro, y en los que se le llama al pan pan y al vino vino, echando mano pocas veces de las segundas intenciones características de los albures.

Picardía veracruzana

Veamos ahora dos pequeñas muestras de la celebrada picardía veracruzana. El famoso y extinto improvisador conocido como el "Vale" Bejarano, fue el autor de esta sexteta:

"Yo enamoré una jarocha
por agarrarle las chiches,
y me dijo la fantocha:
muchacho no seas metiche,
si quieres comer panocha,
más abajo está el trapiche".

12

También del famoso improvisador jarocho son estas líneas:

> *"Una cosa me consterna*
> *y me tiene muy contrito:*
> *en la cárcel se me interna*
> *sin tener ningún delito,*
> *sólo una papaya tierna*
> *que picó mi pajarito".*

En las trovas del "Vale" Bejarano aquí transcritas se advierten una pícara intención y el placer festivo del sexo, pero no se detectan los propósitos agresores característicos del albur. Es más, en la segunda sexteta hay incluso cierta ternura mezclada con la picardía.

Las malas palabras en México

Hace apenas dos o tres décadas el uso de las malas palabras estaba considerado en nuestro país como zona maldita del lenguaje, región del vocabulario confinada a los cuarteles, las cárceles, los ínfimos centros de vicio o las clases sociales más bajas. Por lo menos en apariencia, ya que en todas las épocas, en todos los pueblos y en todos los niveles sociales se ha hecho uso de las malas palabras. El escritor y periodista Víctor Alba solía relatar con mucha gracia haber oído a mujeres, lo mismo del pueblo que encopetadas damas, emplear palabras que sonrojarían a un gañán, en momentos en los que suponían que sólo las escuchaba alguna amiga muy íntima, o cuando de plano perdían los estribos.

Los hijos de Sánchez

Todavía en 1965, la Sociedad Mexicana de Geografía y Estadística arremetió indignada contra la editorial Fondo de Cultura Económica, a la que acusó públicamente por la edición del libro documental **Los hijos de Sánchez,** de Oscar Lewis, al que tachó de ofensivo para nuestro país por mostrar a mexicanos pobres, promiscuos y mal hablados.

Los titulares de La Madre Matiana

En un medio hipócrita, teñido de puritanismo verbal, se volvía liberador y estimulante el lenguaje cifrado de los albures, convertidos en burla y flagelo de moralistas y mojigatos. Son memorables los titulares que prodigó, allá en la década de los años veinte, el periodismo político de combate, en las planas de la publicación llamada **La Madre Matiana,** que se valía del albur para formular sus críticas, llegar con ellas a la gente del pueblo y burlar a la censura. Recordemos algunos de ellos:

"¡Nunca falta un chile en papas en un bodorrio de pobres!"
"No sacudan tanto el chile, que se riega la semilla".
"¡La calabaza en Zacoalco crece más que en Lechería!"
"No me agarren el chiquito porque comienza a chillar".

El café de los albures

Aseguran algunos expertos en la materia que es buen alburero quien emite los albures como un buen actor (en el sentido rigurosamente teatral del término), sin que el interlocutor se percate de ellos, si bien la gracia estriba en que sean advertidos y disfrutados por los demás circunstantes, quienes se hacen los desentendidos y gozan secretamente de las zancadillas verbales aplicadas a su inerme víctima por el travieso alburero, verdadero maestro en el arte de la burla y el disimulo.

El periodista Jorge Laso de la Vega cuenta para este libro que no hace muchos años existía en la zona céntrica de la ciudad de México, un singular café en donde los meseros acostumbraban alburear a la clientela masculina. Cuando el cliente era lo suficientemente sagaz para darse cuenta del hecho y respondía con oportuna agilidad al mesero alburador, se ganaba las simpatías del establecimiento y ni la cuenta de consumo le era cobrada. En cambio, cuando el albureado no daba la menor señal de entender las trampas verbales que le eran tendidas, se veía desairado y era servido con desgano.

Una variante del albur

Para otros conocedores, es una buena variante del albur el juego que consiste en una pregunta inesperada y una réplica pícara e intencionada. Por ejemplo:

—Muchachos, ahí los busca Andrés.

—¿Cuál Andrés?

—El que se los atornilló a los tres.

O bien:

—Oye, ¿no está Benito?

—¿Cuál Benito?

—El que te picó el agujerito.

Obviamente, la eficacia de la broma depende de la naturalidad y la manera inesperada con que la pregunta inicial se formula, así como de la picardía con que la réplica se lanza.

Los actores cómicos y el auge de los albures

En el empleo de los albures el pueblo de México ha encontrado una forma lúdica del desafío mental y verbal, en la que cada uno de los contendientes trata de ser más listo, más rápido en la respuesta hiriente y más ingenioso. Y es significativo que los actores cómicos nacionales han alcanzado en gran medida su popularidad y encumbramiento merced a su destreza relampagueante en el albureo.

Durante las décadas de los años diez, veinte, treinta y cuarenta de nuestro siglo, los albures vivieron una época de gran auge gracias a los duelos verbales sostenidos entre los cómicos de carpa y teatro y el público asistente a esos lugares. Hasta la fecha, el certero manejo del albur distingue a muchos de los cómicos nacionales más queridos y populares, aunque es notorio que el albur ha perdido terreno como espectáculo y práctica regocijada del pueblo. El hecho se debe, a no dudar, al cambio en las costumbres y a la mayor libertad de lenguaje que hace innecesarios el doble sentido y el disimulo.

Aquellos jacalones fijos o ambulantes

Para entender mejor el fenómeno sicosocial de los albures, definidos por Octavio Paz, en un libro que se ha vuelto clásico, como "combate verbal hecho de alusiones obscenas y de doble sentido, que tanto se practica en la ciudad de México", es necesario referirse a las hoy casi desaparecidas carpas, aquellos jacalones fijos o ambulantes en cuyos modestos escenarios nacieron a la fama "Cantinflas", "Palillo", "Resortes", Manuel Medel, Lupe Rivas Cacho y otros grandes artistas cómicos nacionales de este siglo. Asimismo, se impone hacer mención a los teatros mexicanos de revista y a los de burlesque.

La carta de José Clemente Orozco

El célebre muralista jalisciense José Clemente Orozco escribió una carta al crítico de arte y escritor Luis Cardoza y Aragón, misiva de indudable valor para entender la compenetración tan grande que existío entre el teatro frívolo y la gente del pueblo, en los días tormentosos del movimiento armado revolucionario de México. Dicha carta dice:

"Antes que los pintores pintarrajearan paredes y se holgaran con reparticiones de ejidos y matracas zapatistas, héroes, y tropa ya formada, ya Beristáin y la famosa Amparo Pérez, la Rivas Cacho y tantos más 'servían' a las masas auténticas obras proletarias de un sabor y una originalidad inigualables; ya se habían creado El Pato Cenizo, El País de la Metralla, Entre las Ondas, Los Efectos de la Onda y millares más, en donde lo que menos importaba era el libreto y la música, pues lo esencial era la interpretación, la improvisación, la compenetración de los actores con el público, formado éste de boleros, chafiretes, gatas, mecapaleros, auténticos proletarios en galería; y rotos, catrines, militares, prostitutas, ministros e intelectuales en luneta.

"Uno de los lugares más concurridos durante el huertismo fue el teatro María Guerrero conocido también por María Tepache, en las calles de Peralvillo. Eran los mejores días de Beristáin y Acevedo, que crearon ese género chico. El público era de lo más híbrido: lo más soez del peladaje se mezclaba con intelectuales y artistas, con oficiales del ejército, burócratas, personajes políticos y hasta secretarios de Estado.

"La concurrencia se portaba peor que en los toros: tomaba parte en la representación y se ponía al tú por tú con los actores y las actrices, insultándose mutuamente y alternando diálogos en tal forma que no había dos representaciones iguales a fuerza de improvisaciones. Desde la galería, caían sobre el público de la luneta toda clase de proyectiles, incluyendo escupitajos, pulque o líquidos peores, y a veces los borrachos mismos iban a dar con sus huesos sobre los concurrentes de abajo. Puede imaginarse qué clase de obras se representaban entre actores y público. Las leperadas estallaban en el ámbito denso y nauseabundo y las escenas eran frecuentemente de lo más alarmante. Sin embargo, había mucho ingenio y caracterizaciones estupendas de Beristáin y Acevedo, quienes creaban tipos de mariguanos, de presidiarios o gendarmes maravillosamente. Las actrices eran todas antiquísimas y deformes".

Surgimiento de la cultura popular urbana

En ese ambiente de festiva y salvaje violencia del teatro populachero de los años diez que Orozco menciona en su carta, los actores cómicos, para simplemente sobrevivir como tales y para sostenerse en la aceptación de un público difícil y bravo en exceso, debían afilar su pícaro ingenio al máximo y aprender a clavar sus dardos verbales con rapidez y habilidad asombrosas.

Y es en ese medio agitado y fieramente democrático donde, al decir de Carlos Monsiváis (revista **Textos,** no. 9-10, 1975), la cultura popular mexicana brota de manera rijosa:

"De hecho, la cultura popular emerge como un deseo de estas masas que recién paladean su vocación de collage, surge de su hambre de acceder a una visibilidad que les confiera un espacio social de cualquier índole, al que integrarán y agradarán del único modo que conciben: entre riñas y tumultos. Esta empresa cultural (en el sentido antropológico) dispuso de una característica fundadora: su cualidad de proporcionarle a la 'grey astrosa' lo que sólo indiferencia ante los pelotones de fusilamiento, campos de batalla y tomas de ciudades habían podido adjudicarle a los ejércitos campesinos: voz y figura nacionales. Tal presentación en sociedad ocurre entre estrépitos y furias relajientas: un lépero que cree vislumbrarse sobre el escenario bien vale un zapatista en Sanborns.

"Del caos brota la cultura popular urbana. La animan el espíritu de celebración de la grotecidad y de la agresión física y verbal, el júbilo ante la teatralización del habla citadina hasta entonces socialmente muda, el entusiasmo ante los dones de la grosería. Las 'malas palabras' son una gramática esencial de clase y la descripción del hombre en el cosmos porfiriano corre a cargo de una pobreza idiomática que se intuye instrumento ofensivo y defensivo. Durante unos años, al eliminar la Revolución armada la censura, el albur se instala enardecido y, gracias a 'groserías' y 'obscenidades', una masa informe se va entreviendo y conformando".

Las carpas

También por aquellos días tumultuosos a los que aludió José Clemente Orozco y que comentaría tiempo después Monsiváis, el albur se escenificó en los modestísimos foros de las carpas, para perdurar en ellas hasta la paulatina extinción de estos teatrillos humildes y en ocasiones trashumantes.

Como el mismo pueblo a cuya diversión estaban destinadas, las carpas eran pobres, mal vestidas e inestables, y aparecían de pronto en cualquier esquina de la barriada proletaria. Se adornaban con trapos y focos de colores, y sostenían sus lienzos remendados sobre armazones de tablas, siendo no pocas veces parte de las ferias y compañeras de las barracas de tiro al blanco, la rueda de la fortuna y los demás juegos mecánicos.

A las puertas de cada carpa se situaban los entusiastas boleteros, quienes descorrían por unos momentos la cortina de acceso para satisfacción de los curiosos, y a grito herido invitaban a los transeúntes a disfrutar del espectáculo. "¡Pásenle, pásenle, ésta y la otra tanda por el mismo boleto!"

Allá en la década de los años treinta hubo carpas muy famosas y concurridas en la ciudad de México. En la Plaza Garibaldi estuvo el Salón Mayab. En la esquina de Carmona y Valle se levantaba el Salón Amaro. En Santa María la Redonda y Pedro Moreno se ubicó el Salón Rojo. Y en la Plaza de las Vizcaínas, esquina con San Juan de Letrán, funcionaba al caer la tarde y por las noches el Salón Moreno. Otras carpas que llegaron a ser bastante populares en la capital del país, por aquellos tiempos, fueron el Salón Edén, la carpa Ofelia, el Teatro Salón Obrero y el Salón Sotelo.

Afición por la carpa

En su libro **México, litografía de la ciudad que se fue** (ediciones del autor, 1962), el escritor Manuel González Ramírez evoca así su afición por la carpa:

"Desde mis tiempos estudiantiles he retornado, intermitentemente, al ambiente de la carpa, ya que a su contacto aprendo y verifico lo que el pueblo siente y piensa. La he seguido al través de la feria que cada 16 de julio se organiza en la plazuela del Carmen; y he ido con ella a los barrios de los Angeles y Santa María. Si a mi paso por las calles, alejadas del primer cuadro, me sale al encuentro, por costumbre no rehuyo visitarla.

"La carpa es un mundo en miniatura. Por dentro y por fuera. A las veces, tal esos impertinentes que espían a las coristas por entre las hendeduras de los tablones, yo me he asomado a su pequeño mundo, para descubrir desencantos e ilusiones, envidias y cariños, realizados como todo lo que realizan los comediantes: con teatralidad".

Cómicos carperos

Entre los cómicos —todos ellos sumamente diestros en el manejo de los albures— que destacaron en los humildes escenarios de las carpas, cabe mencionar a "Don Chicho", "Don Catarino", "Cantinflas", "El Chicote", "El Cuate Chon" y "Resortes". Este último, recordando los viejos tiempos y haciendo alusión a la práctica del albur, ha dicho (**La onda**, 1977):

"Era muy alburero y hacía reír a mis cuates... El cómico es el que se puede poner con las multitudes. Si le gritan al que hace un número serio, pues lo atemorizan, ¡ah, pero uno de cómico, no! No, nunca le he tenido miedo al público porque los públicos que traté antes eran más duros. Había que dominar a las palomillas que iban todos los días al teatro o a la carpa. Estaba yo hecho para esos públicos y a veces me pasaba diez minutos echando albures con ellos. Los tenía muertos de risa. El albur es más bien de los hombres, para estarnos vacilando sobre el sexo. Si le dicen 'chile', usted contesta '¡toma asiento!', y entre los hombres es un chiste. A una mujer no le puedo contestar esas cosas.

"Se ha perdido la tradición del albur, porque la tele ha hecho cómicos blancos, diferentes a los que empezamos en las carpas..."

Actrices albureras

Cuando Adalberto Martínez, "Resortes", afirma que el albur es cosa de hombres, no toma en cuenta que Lupe Rivas Cacho y Amelia Wilhelmy, entre otras actrices cómicas, fueron expertas en el manejo de los albures. Ni que en la actualidad es también excepcionalmente diestra en el género la actriz e imitadora Carmen Salinas, cuyo diálogo con el público está salpicado de ocurrencias léperas e improvisaciones verbales. Por ejemplo, en una ocasión en que un espectador le gritó: "¡Arriba el América!", la Salinas, apasionada del equipo Guadalajara, le contestó instantánea: "¡Arriba de tus lomos, güey!"

Las carpas de Guadalajara

También en la ciudad de Guadalajara, capital del estado de Jalisco, hubo carpas que fueron semilleros de grandes artistas cómicos y tinglados en los que a diario se ejerció el albur. En lo años veinte y treinta fue famosa en esa urbe la Carpa Jalisco. Otra carpa que hizo época en Guadalajara fue el Teatro Carpa Obrero, con espectáculo extremadamente atrevido para aquellos años pudibundos, ya que en él participaban mujeres por completo desnudas, entre ellas las guapas Lulú Labastida y Chuy y María Rivera; y los chistes de los **sketches** eran de color bastante subido, con espontáneas intervenciones de un público audaz e ingenioso que ponía a prueba los recursos verbales y la ligereza mental de los actores.

Fue en esas carpas tapatías donde debutó como artista cómico Jesús Martínez, "Palillo", a no dudar el campeón del **sketch** político en nuestro país.

Palillo habla

En octubre de 1977, "Palillo" fue entrevistado por el periodista Jimmy Forston para el diario **Excélsior**. En dicha entrevista, el popular actor cómico se refiere de este modo a los albures:

Forston: ¿Y los albures?

Palillo: Sí, esos sí. Usted sabe que los albures son palabras con segunda intención; no dichas así, ya no son albures, ya son procacidad, ya es arrastrarse.

Forston: El juego de los albures se manejaba entre el público y usted. . .

Palillo: Sí, sí; muchísimas veces.

Forston: ¿Le parece a usted, humorista profesional, que el mexicano tiene un ingenio muy particular para el albur?

Palillo: El público lo tiene como ningún cómico. El público es más humorista que "Cantinflas" y que todos los cómicos juntos. . . Si nos juntaran a todos en una asamblea ahorita mismo —aunque esto sea hipotético—, tenga usted la seguridad de que no representaríamos ni el diez por ciento del humorismo de todos los mexicanos:

Forston: Pero hay una diferencia clara entre humorismo y chiste.

Palillo: Desde luego que sí.

Forston: ¿Y no cree usted que el mexicano común es más chistoso que humorista?

Palillo: No, es humorista; tiene sentido del humor. Prefabrica y luego reproduce o repite los chistes que ha oído.

Forston: Entonces, por lo general no es más que un repetidor de chistes.

Palillo: El que repite chistes sin sentido del humor no pasa de ser una grabadora; pero con sentido del humor, ya puede usted repetirlos y le saldrán perfectos.

Una forma singular del chiste hiriente

De acuerdo con las ideas de "Palillo", el juego de los albures exige de sus ejecutantes sentido del humor, ese sentido del humor que el mexicano posee en abundancia, y que al paso de los años le ha hecho regocijarse con el albureo, esa singular forma del chiste hiriente en el que se mezclan una fuerte carga de sexualidad, una obsesión escatológica e implicaciones homosexuales simbólicas e inequívocas.

Borolas y el humor carpero

El humor de los cómicos carperos, sus mecánicas salpicadas de gestos y ademanes pícaros, su destreza para pescar las alusiones al vuelo e intercambiar albures con el público, son elementos que ha sabido mantener vivos en el teatro de revista, al paso de las décadas, el actor Joaquín García, "Borolas".

Son indudables la identificación y la complicidad de valores entendidos entre "Borolas" y los asistentes al teatro frívolo. Y los gestos, énfasis y tonos de voz del cómico chaparrito y de pequeño bigote, son aplaudidos y saboreados por un público popular que se muestra feliz de reencontrarse con un artista plenamente incorporado a los códigos y estilos humorísticos que le son tan gratos.

Isela Vega: agresión y desenfado

Al ocuparnos de la tradición cómica y alburera de la carpa, se vuelve indispensable asimismo la referencia a Isela Vega, guapa actriz sonorense en quien la agresión a su público asume una frescura y un sarcasmo singulares.

El desnudismo femenino es un viejo recurso en los jacalones del burlesque y en los teatros de revista. También lo es la presencia en sus escenarios de actrices léperas y relajientas. Pero lo que entusiasma al público de Isela es la fusión en su persona de un hermoso cuerpo desnudo y una hembra inteligentemente procaz que se mete de modo directo con los espectadores, quienes le ríen y le celebran, con regocijado masoquismo, sus burlas y crudos donaires.

Isela en la carpa México

Memorables han sido las temporadas de Isela Vega en la carpa México, de la capital del país. En una de las tandas, algún espectador se puso a gritarle con insistencia: —¡Pelos, Isela, pelos! La actriz se dio cuenta de que el gritón era un hombre calvo, y su réplica brotó directa e inmediata: —Cálmate, pinche pelón, si tan urgido estás de los pelos que te faltan en el coco, cómprate una peluca y no me estés gritando a lo pendejo.

El calvito dejó de gritar, sumido en la carcajada general y en el escarnio.

En otra ocasión, un fulano lanzó dentro de la carpa el grito: —¡Ya me voy! Isela, con las manos en jarra, encaró el importuno, disparándole a boca de jarro: —¿Con que ya te vas, tarado? Pues será lo único que puedas hacer, porque venirte ni madres.

En ninguna función en la que Isela participa faltan las incitaciones de los maloras, ni las respuestas mordaces de la actriz; tampoco el beneplácito de los aplausos y las risas.

En la farsa **La sexicienta** la señora Vega aparecía totalmente desnuda en una de las escenas. Un espectador le gritaba repetidamente: —¡Quiero! Hasta que la osada desnudista lo apabulló al replicarle: —Quieres pero no puedes, porque el pito ya no se te para; por eso tu vieja te hace pendejo.

Un episodio más: —¡Mamacita!, le gritan desde el sillerío a Isela, quien pesca al vuelo la oportunidad de hacer un chiste lépero y contesta: —¿Mamacita? Bueno, te voy a adoptar, hijo de la chingada, nomás pa' tener el placer de madrearte todos los días.

Grito de guerra

El afán agresor y el descaro de Isela Vega no tienen límites. Y el público aplaude, chifla y se enardece hasta el aullido cuando ella emite esta especie de grito de guerra:

—¡Ay, cómo me apesta el culo, por eso lo traigo atrás!

Los sketches

Los **sketches** —esas pequeñas piezas cómicas en las que el diseño argumental es mínimo y resulta decisiva la intención que se da a los gestos y las palabras— se representaron en el México capitalino de ayer en las carpas y en los teatros María Guerrero, Apolo, Garibaldi, Molino Verde, Politeama, Lírico, Follies, Colonial, Margo y algunos más. Hoy en día, siguen escenificándose, con muy pocas variaciones, los mismos **sketches** de hace treinta, cuarenta y cincuenta años, en teatros como el Blanquita, el Vizcaínas y algunos otros.

Análisis del sketch

Del **sketch** ha dicho el investigador sociológico Claudio Pérez Gayoso (revista **Textos**, no. 9-10, 1975):

"En el lapso que va del gobierno de Venustiano Carranza a mediados del sexenio de Miguel Alemán, el sketch, en regateo dialéctico con su público, utiliza a los políticos (acciones represivas, corrupciones, rasgos personales y amoríos) para volverse desfogue y cauce mínimamente organizado de resentimiento. Por la queja de la carcajada: se subraya la carestía de la vida, se parodia el habla demagógica, se suple a la crónica con catálogos y recreaciones visuales y verbales. De paso, en esta etapa, se enciende la imaginación de los pintores, se amuebla con sonidos, trajes y movimientos la primera etapa del cine nacional, se integra en un solo lugar común al lépero y al catrín, a la rotita y al vagabundo; se perfeccionan formas del humor popular que, se descubre, suele radicar en los gestos y en el andar (en la rapidez para hurtar o entregar el cuerpo), acude convenencieramente a la puerilización del idioma y distribuye el peso de su diversión a lo largo de parpadeos y gritos. Las dobles intenciones de la frase son el recurso complementario de las múltiples precisiones de las cejas".

En realidad, el cultivo del **sketch** no se detuvo a mediados del sexenio de Miguel Alemán. Su juego dialéctico, que tanto debe al ingenio repentino de los cómicos y a su habilidad en el albur, continúa vigente en el gusto de los fieles espectadores del teatro frívolo mexicano.

Sabor netamente carpero

Ni siquiera la televisión, uniformadora insípida del gusto de las masas, ha podido erradicar el interés popular por el **sketch** pícaro, intencionado y de sabor netamente carpero. Y no deja de ser sintomático que Jesús Martínez, "Palillo", tenga con sus **sketches** políticos tanto o mayor éxito que el que tuvo hace cuarenta o cincuenta años en los foros inolvidables de las carpas.

Un sketch del Teatro Blanquita

Reproducir en estas páginas parte del libreto de uno de los **sketches** representados alguna vez en el Teatro Blanquita, ofrece un interés documental indudable y permite al lector apreciar la estructura extremadamente sencilla que sirve de base a los actores cómicos para poner en juego su agudeza verbal y su habilidad en el albur, agudeza y habilidad que no pocas veces se complementan con la mímica y las inflexiones pícaramente intencionadas de la voz.

El título del **sketch** que a continuación se reproduce fragmentariamente es **El colegio electoral,** y fue escenificado en noviembre de 1973 en el mencionado teatro, propiedad de la empresaria de espectáculos Margo Sú.

Decorado:
Salón de clases de una escuela.
Personajes:
La maestra: Primera actriz cómica.
El alumno primero: Niño malcriado.
El alumno segundo: Niño amanerado y pulcro.
El alumno tercero: Niño medio menso.
La niña primera: Niña muy pulcra y educada.
La niña segunda: Niña muy guapa y elegante.
La niña tercera: Niña muy moderna y llamativa.

Tanto los tres alumnos como las tres niñas deberán ser actores cómicos, para hacer cada uno de su personaje una verdadera creación.

Utilería:

Escritorio o mesa para la maestra.

Taburete, frente al cual estará la mesa.

Algunos libros.

Motivos escolares, como mapas, esferas, etcétera.

Un plátano.

Una campanilla.

Seis pupitres.

Escena: Al levantarse el telón aparece la maestra frente a su mesa de trabajo, y sentados los alumnos y las alumnas. La maestra hace sonar la campanilla.

La maestra (después de terminar de sonar la campanilla se dirige a los seis alumnos): Queridas niñas y queridos niños de este honorable Colegio Electoral. . . Como de costumbre, antes de dar principio a nuestras clases del día, voy a pasar lista de asistencia.

Alumno 1: Como de costumbre, primero las changas. . . y después los changos. . .

La maestra: Como de costumbre eres tú, niño Pepito, el primero en poner el desorden. Se dice primero las damas. . . y después los damos. . . Niña Pita Amor. . .

Niña 1: ¡Siempre a sus órdenes, maestra! . . .

La maestra: Niña Paula Cuchi. . . ¿Ya llegó Paula? . . .

Niña 2: Siempre a tiempo, doña Eulalia Guzmán. . .

La maestra: Así me gusta, la puntualidad ante todo. . . Sigue en la lista la niña Isela Vega. . .

Niña 3: Aquí estoy puesta y dispuesta. . .

La maestra: Seguimos ahora con los caballeritos: El niño Pepe Alameda. . .

Alumno 1: Aquí está su consentido, maestra, profesora, mentora u lo que le dé la gana. . . Permítame hacerle un modesto obsequio. . . (se levanta y le ofrece un plátano).

La maestra: Muy agradecida. . . muy agradecida. . . y muy agradecida. . .

Alumno 1: Nada tiene qué agradecer, maestra Vargas. . .

La maestra: Bonito plátano. . . pero siéntate por favor, Pepito. . . Seguimos con el niño Paquito Buengesto. . .

Alumno 2 (muy amanerado): Dispuesto a entregarme, hondo y profundo, en aras del saber y de la ciencia. . .

La maestra: Eres el niño más aplicado de la clase, y te felicito.

Alumno 1: Yo diría el más apretado. . .

La maestra: Y terminamos la lista de asistencia nombrando al niño Enrique Guzmán. . .

Alumno 1: ¡Ese es purito Bartolo! . . .

La maestra: Tienes en tu contra un punto. . .

Alumno 1: ¿Cómo dijo, maestra? . . .

La maestra: Dije un punto, un punto malo. . .

Alumno 1: Perdón, había oído mal. . .

La maestra: Vamos en seguida a dar principio a nuestra diaria tarea. . .

Alumno 2 (levantándose y en tono declamatorio):
    Tenemos mucha tarea
    en este día, por delante,
    pero el que escriba y que lea
    irá arriba y adelante. . .

La maestra: Muy bien dicho, Paquito. . . eres un digno alumno del Colegio Electoral, en donde se prepara a los niños de hoy para ser buenos políticos mañana. . .

    (El niño primero dice algo al oído al niño segundo).

Alumno 2: Maestra, maestra, el niño Pepito molestándome ha, haciéndome proposiciones indecorosas. . .

La maestra: Pepito, si vuelves a molestar a tus compañeros tendré que enviarte a tu casa. . .

Alumno 1: Cuidado. . . no se le olvide que soy junior, y que mi apellido es Bravo Aguja y Alameda. . .

La maestra: ¡Ni una palabra más¡ Comenzaremos con la clase de gramática. . . La niña Pita Amor, que es poetisa, sírvase decirme los nombres de las cinco vocales. . .

Niña 1: A. . . E. . . I. . . O. . . U. . .

La maestra: Niña Pita, dígame en seguida cinco palabras en las que las cinco vocales intervengan. . .

Niña 1: Masa... mesa... misa... moza... y musa...

La maestra: Responda la niña Paula, ¿qué entiende por un sinónimo?...

Niña 2: Sinónimo es una palabra que significa exactamente lo mismo que otra...

La maestra: Muy bien, Paulita, muy bien... Dígame ahora un sinónimo de mujer...

Niña 2: Hembra...

La maestra: Bien contestado, Paulita... Ahora el niño Paquito, dígame un sinónimo de hombre...

Alumno 2: Macho, varón, marido, esposo u peor es nada... de la primera persona del verbo ser... yo soy...

Todos: (se ríen a carcajadas).

Enriquecimiento de los sketches

Es notorio que en el **sketch** en parte reproducido, al igual que en la generalidad de los **sketches** conocidos, son demasiado pobres la línea argumental y las situaciones supuestamente humorísticas presentadas. No obstante, los actores cómicos de verdadero talento suelen enriquecer el cañamazo burdo del **sketch** con su gracia, su mímica y su ingenio repentista.

Las andanzas de "Harapos"

El desaparecido actor Mario García Hernández, "Harapos", fue uno de los cómicos populares mexicanos surgidos en la época de oro de la carpa. Sus últimas y memorables actuaciones tuvieron lugar en una de las temporadas de **burlesque** ofrecidas por el Teatro Iris hacia mediados de la década de los años setenta. Decían sus numerosos admiradores que "Harapos" era un auténtico maestro en el albur, dadas su gracia, su velocidad mental y su agudeza de palabra.

Después de la última función, "Harapos" acostumbraba reunirse con un grupo de amigos tan desvelados como él en un café nocturno de la avenida San Juan de Letrán.

En respuesta a un grupo de estudiantes de periodismo que proyectaban escribir una historia de la farándula mexicana, Mario

García Hernández accedió una noche a referir sus andanzas de artista cómico. De algunos cassettes grabados con ese motivo, y generosamente facilitados por uno de aquellos estudiantes de ayer, fue posible extraer el siguiente relato, valioso a no dudar para el análisis de ese combate verbal a base de palabras de doble sentido al que damos el nombre de albur.

Lo que "Harapos" contó

"Nací y me crié en la ciudad de México. Y a la edad de dieciocho años terminé mis estudios en una escuela militarizada, de donde salí con el grado de teniente. Pero no me interesaba ser militar y entré a trabajar como mecánico en una línea de camiones urbanos de pasajeros: la Peralvillo-Cozumel.

"En compañía de otros mecánicos y de choferes de la línea me encantaba ir a meterme a una pequeña carpa, la Edén, donde echábamos harto relajo albureando a los cómicos y siendo albureados por ellos. Al poco tiempo, me hice amigo de los artistas y andaba yo en los pequeños camerinos enamorando a las muchachonas y platicando con los actores. Un día faltó el cómico de la carpa y me pintaron el rostro para que hiciera un sketch de los que ya me sabía de memoria. Así se inició mi carrera de cómico, porque no quise ya regresar a la chamba de mecánico y, siguiendo mi verdadera vocación me dediqué a carpero.

"Tiempo después pasé a una carpa un poco más grande, la Valentina, donde el empresario, Estanislao Shilinski, me colocó una peluca rabona. Una de las tiples dijo al verme: —¡Pero si es Pedro Harapos!, relacionándome con un personaje de las tiras cómicas de aquella época. Shilinski la oyó, le gustó el nombre y quedé bautizado como Pedro Harapos. Más tarde me quité el Pedro, para que mi sobrenombre artístico fuera más concreto, y me convertí en 'Harapos'.

"Los artistas carperos de entonces éramos muy sufridos y muy compartidos. Nos ayudábamos en todo lo que podíamos. Algunos de nosotros trabajábamos hasta en tres carpas de los mismos empresarios, llevándonos unas sobas durísimas.

Sin embargo, aún teníamos ánimos para reunirnos a cenar y platicar, después del trabajo, en un café de Santa María la Redonda.

"El público de las carpas de la ciudad de México era bueno y noble. Nos alimentaba el alma con sus aplausos y sus risas. Y no faltaba quien nos hiciera regalos en los beneficios artísticos. Me acuerdo de la vez en que un panadero bien vacilador me regaló un gigantesco pan en forma de miembro viril. Era de puro huevo y estaba muy rico. Encargué chocolate y nos lo comimos entre todos los compañeros de la carpa.

"Después entré a trabajar al Teatro Salón Ofelia, donde hice pareja con la gran actriz cómica Eufrosina García, 'La Flaca', lográndose un dueto de humor que gustó mucho.

"Luego me salió un contrato para trabajar solo en Guadalajara, en el Teatro Salón Obrero. Iba yo demasiado confiado, sintiéndome con los recursos suficientes para echarme a la bolsa al público tapatío. Pero me esperaba una experiencia terrible, que por poco me hace abandonar la carrera artística. Porque los cómicos y el público de la Guadalajara de entonces eran de lo más bravo y despiadadamente léperos. En mi primera presentación en el Obrero, uno de los actores me preguntó en el sketch: '¿No le gustó el cuarto?' De acuerdo con el argumento, yo respondí: 'No, no me gustó'. Entonces mi interlocutor replicó: 'Pues como dijo Cácalos'. Inocentemente, le pregunté: '¿Y cómo dijo Cácalos?' 'Pues que chingues a tu madre, cabrón', fue la tremenda respuesta que me dejó abochornado, sin saber qué decir ante las carcajadas del público, que al notar mi turbación también empezó a meterse conmigo y a gritarme groserías. Vino el segundo sketch, y en él, de modo inesperado, uno de los personajes me dijo de pronto: ¡Ai le habla la güera'. '¿Cuál güera?', repliqué. 'La que le echó los pedos de fuera, cabrón', me contestó. Todavía estaba yo desconcertado por la burla, cuando otro actor me avisó: 'Ai está Juan'. Ingenuamente le pregunté: '¿Cuál Juan?' Sólo para que el cábula me respondiera: 'El que te cogió atrás del zaguán'. El público festejaba con risas, gritos y silbidos las ocurrencias de mis compañeros y mi destanteo, y de pendejo no me bajaba. Al concluir la última función estaba con la boca amarga, sentía deseos de llorar y me decía a mí mismo: 'Mañana mismo me regreso a México, yo con estos cabrones de plano no puedo'.

"Como no pude conciliar el sueño me fui a un café, donde una segunda tiple del Obrero, al verme todo agüitado, se me acercó y me dijo: 'Mire, don Mario, sé que debe sentirse muy mal después de como lo trataron; siempre se encarnizan con los nuevos cómicos, y muchos de ellos se dan por vencidos. Pero no se deje, qué caray. Contésteles y demuéstreles su casta de actor. Usted es simpático y tiene con qué imponerse a esa bola de maloras. No se me vaya a rajar.'

"Aquella segunda tiple, quien con el tiempo llegaría a ser mi gran amiga, me decidió a quedarme en Guadalajara, y en la siguiente noche empecé a echar de mi ronco pecho y a inventar albures para lanzárselos a los otros cómicos, a los patiños y a los gritones del público. A los pocos días, mi éxito era completo. Tanto, que duré tres años en la capital de Jalisco, alternando con actores cómicos tan renombrados y agresivos como 'Palillo' y 'Don Chicho'.

"Fue allá en Guadalajara donde empecé a formar mi propio léxico de groserías, disfrazando las leperadas y haciéndolas más efectivas con la pura intención. Por ejemplo: 'Hijo de tu chin. . . pantla mantla', 'te mando a chiflar a tu mauser' y 'la ver. . . tebra'. Allá fue también donde tuve la ocurrencia, al ver a alguna mujer apetitosa, de mirarme la bragueta y gritar intencionado: '¡Quieto, Nerón!', provocando las risotadas de los espectadores.

"Cuando regresé a la ciudad de México estaba fogueadísimo y me precedía mi bien ganada fama de lépero. Entré al Teatro Apolo, donde los patiños tenían miedo de alternar conmigo, por las revolcadotas que les daba. Luego me llamaron del Tívoli, donde me esmeré en inventar albures que se han incorporado al repertorio anónimo popular, lo que me satisface enormemente, ya que siempre he sido pueblo. Cuando me echaban una trompetilla, raudo les contestaba: 'Según la voz

del enfermo, ya puede comer chile', 'Con esa música te entie-
rren', 'Ese jilguero ya quiere su platanito' o 'Compro la trom-
petita para mi pelón'.

"En el Tívoli duré poco más de once años con los mismos
sketches. Nada más les daba una repasadita para añadirles
algunos chistes y críticas de actualidad, y procuraba perma-
necer alerta durante la representación para contestar alguna
buena puntada del público.

"Las parodias del Don Juan Tenorio que ofrecíamos año
con año en el Tívoli le encantaban a la gente. Recuerdo una
noche de noviembre en que representábamos el Tenorio, y
en una escena Willy me decía: 'Sirve licor de magueyes para
todos esos güeyes'. Con endiablado ingenio, un desconocido
espectador nos gritó desde galería: 'Y también licor de frutas
para todas esas putas'. A partir de ese momento nos estuvo
gritando durante toda la representación, con oportunidad y
gracia formidables. Cuando la obra terminó y nos aplaudieron
a los actores, creí justo decirle al público: 'No merecemos hoy
los aplausos de ustedes, esta noche los merece el señor que nos
ha estado gritando en verso desde galería, pues ese cabrón
tiene mucho más ingenio que el pendejo que escribe para el
Tívoli... Y tú, colaborador anónimo desde las alturas tivo-
lescas, baja a identificarte y yo te prometo conseguirte un
contrato de escritor en este changarro'. Pero el desconocido
versificador no se animó a identificarse, aunque durante varias
noches continuó interviniendo en la parodia del Tenorio de
manera brillante.

"En mi opinión, los albures y los chistes de color subido
del mexicano seguirán existiendo, porque son parte del espíritu
vital de un pueblo inteligente y lleno de sensibilidad humorística".

Conductas y actitudes

El relato de "Harapos" posee un interés sicológico y sociológico innegable, y en él llama la atención la curiosa conducta de un
público que escarnece al actor que no sabe responder a sus agre-

siones verbales; y en cambio, cuando el cómico agrede a su vez a ese público, recibe en respuesta aplausos, simpatía clamorosa y el amistoso reconocimiento de los espectadores afrentados por los albures del artista.

También es significativa la actitud del espectador desconocido que lanzaba sus fulgurantes improvisaciones desde las alturas del teatro, negándose a salir de su anonimato, puesto que su único deseo consistía en participar, de modo desinteresado, en un torneo de la palabra y el ingenio.

Chava Flores y los albures

"El albur implica cotorreo, ingenio. No necesariamente es machista. Se trata de una forma de agilizar la mente para provocar la risa", asegura Chava Flores, el autor e intérprete que con gran sentido del humor ha compuesto numerosas canciones que se han vuelto parte sustancial del folclor urbano de México. Algunas de estas canciones son de doble sentido y están hechas a base de albures. Entre ellas, "Amor de lejos", "El baile de Tejeringo", "El chico temido del barrio" y "Los frijoles de Anastasia".

Entrevistado por el periodista Francisco Ponce para la revista **Proceso** (no. 392), el maestro Flores opinó acerca del albur:

> "El albur es absolutamente mexicano: es la forma más ingeniosa de destrozar la lengua de Cervantes. Sirve para divertir, para sacar la opresión. Tantos siglos apretujado; el mexicano siempre pobre, rotito, jodido. . . Y toda esa opresión tiene que salir por alguna parte, porque si no, estaríamos llenos de gente loca. En el fondo, el mexicano se burla de sí mismo y de todos".

Chava Flores dijo también:

> "El albur es un idioma entre hombres. La mujer no lo entiende. . . El albur no siempre, no necesariamente es una ofensa. Por ejemplo, cuando se dice 'el coyote cojo de las nalgas pintas', no se piensa en coger, pues el albur no es para hacer cerebro sino para hacer reír".

Nada más me sé la introducción

En la citada entrevista, el famoso folclorista cuenta:

"Hubo una vez, durante una presentación en cabaret, en que uno del público me gritó: —¡Tócame la verdolaga! Y le contesté (se me ocurrió rápido, en un segundo): —Nada más me sé la introducción, pero termino y te la chiflo".

El caso relatado por Chava Flores configura un buen ejemplo del funcionamiento del albur, en el cual resulta vencedor quien replica con gracejo y prontitud.

En contra de los albures

Se ha acusado a los albures de ser un mecanismo de la homo-sexualidad latente, así como expresión sadomasoquista del humor de cantina, obsoleto ya para las nuevas generaciones, más abiertas y menos inhibidas. Asimismo, alguien los considera una aburrida hazaña de la memoria y la costumbre.

Tampoco faltan feministas que ven en los albures la confirmación del odioso machismo mexicano y de su afán perenne de envilecer y degradar el papel sexual de la mujer. E inclusive hay quienes sostienen que el albureo, barajar fatigante de alusiones comunes, viene a ser a fin de cuentas el solaz supuestamente imaginativo de hombres que carecen de imaginación.

A favor de los albures

¿Mas por qué ver a los albures con criterio condenatorio y cargado de reproches? ¿Por qué juzgarlos con dureza extrema desde el punto de vista de sus implicaciones sexuales, y no considerar que se trata de una saludable diversión semántica, lujo de los hombres del pueblo y práctica que devuelve a los adultos los juegos y mitos de la infancia? Con sensatez indudable, Chava Flores ha dicho que el albur no es sino para hacer reír. Cabría agregar que también para liberar al lenguaje de sus fríos esquemas utilitarios e imprimirle vivacidad y dinamismo, de manera ejemplarmente desinteresada, dado que los albures se desenvuelven dentro de los ámbitos de la imaginación, y su ejercicio es lúdico y corresponde, por ello mismo, a los placeres de la mente.

Por lo demás, se puede ser un memorista y hacer acopio de palabras y frases de doble sentido; pero si no se poseen sentido de la oportunidad y rapidez mental, no se hará buen papel en los albures. Así como el anotador de chistes y cuentos humorísticos difícilmente llega a buen relator de ellos, el alburero experto no es casi nunca el coleccionista de albures, sino el diestro esgrimista de intenciones y palabras, en virtud de su cerebro lúcido y alerta.

Desaparición o resurgimiento de los albures

A los actores cómicos y a los promotores profesionales del folclor urbano corresponde en parte mantener viva la gran tradición alburera nacional. Pero en última instancia es del pueblo de quien depende la desaparición o resurgimiento de los albures.

Dichos
y Refranes

A animal que no conozcas,
no le tientes las orejas

Significa que debe tenerse precaución con los desconocidos, no brindándoles afecto ni confianza a las primeras de cambio.

Burros, caballos y perros suelen corresponder de manera agresiva a los mimos y caricias de los extraños.

¡Abranla piojos,
que ai les va el peine!

Fanfarronada con la que algún bravucón —casi siempre con un arma en la mano— avisa a los presentes que deben hacerse a un lado y dejarle el paso franco, si no quieren ser víctimas de su ferocidad. Al denominarles **piojos,** les muestra ofensivamente su desprecio.

A

Acabar como el rosario de Amozoc

Se aplica a toda reunión que empieza tranquilamente, pero termina en trifulca.

Según el paremiólogo Darío Rubio, el origen de este refrán es el siguiente:

Hacia finales del siglo XVIII, entre las celebraciones de la Semana Santa en el pueblo de Amozoc, en el estado de Puebla, se rezaba un rosario, al término del cual los devotos se formaban en procesión, cargando las imágenes de Jesucristo que cada uno de ellos había llevado de su casa.

Salía la procesión del templo. Y luego de recorrer el atrio, pasaba de nuevo al interior de la iglesia por la puerta de la sacristía, donde cada feligrés entregaba al sacristán, como donativo, una cantidad de dinero convenida de antemano.

En una de tales ocasiones, llegaron simultáneamente ante el sacristán, en doble fila, una señora que sostenía un pequeño Santo Cristo, y un hombre que cargaba otro de gran tamaño.

Entregó el hombre su donativo, pero la mujer se negó a pagar la misma cantidad, aduciendo que su escultura era mucho más pequeña. Se entabló una discusión, impidiendo que la procesión avanzara. Se produjeron protestas y empellones. Después, calentados los ánimos y tomando partido cada uno de los procesionantes por la mujer o por el sacristán, se insultaron y se agredieron con las santas imágenes que llevaban.

La gresca fue gigantesca y causó muchos heridos.

Desde entonces empezó a decirse de toda reunión concluida a golpes, que ha finalizado como el rosario de Amozoc.

A cada capillita
le llega su fiestecita

Con este refrán se da a entender que no existe ser humano al que no le llegue su día de celebración y contento.

Toda capilla, por humilde y pequeña que sea, es engalanada y festejada algún día del año.

Acostándome con luz,
aunque me apaguen la vela

En su aparente inocencia, este dicho ranchero tiene una intención pícara, ya que Luz es nombre femenino; y el hombre que dice tales palabras mira o señala a alguna mujer de su agrado.

A chillidos de puerco,
oídos de matancero

Señala que no debe hacerse caso de recriminaciones o quejas inútiles; de igual manera que al matarife del rastro no le importan los chillidos del animal sacrificado.

Equivale al refrán español: "A palabras necias, oídos sordos".

¡A darle,
que es mole de olla!

Exhortación a hacer alguna cosa con buen ánimo y sin demora.

El mexicanísimo **mole de olla** es, en opinión de muchos, uno de los platillos más deliciosos que puedan existir; y por lo mismo, no debe desdeñarse ninguna oportunidad de disfrutarlo.

A donde el Diablo perdió el jorongo
y la Virgen la mantilla

Este dicho alude a algún lugar desconocido y remoto, y por lo mismo, indigno de confianza.

Adornar el chango
para que otro lo baile

Este brusco dicho suele ser empleado por los progenitores y familiares de la muchacha que ellos se esforzaron en criar y educar; sólo para que un hombre ajeno a la familia —el esposo— se la lleve y la disfrute.

A

A ese culantro
le falta su regadita

A culantro se le da en este caso el significado de **culo.** Y el atrevido dicharacho se aplica a la mujer supuestamente necesitada del vivificante amor masculino.

A fuerza
ni los zapatos entran

Significa que es inútil e irracional tratar de obligar a alguno a hacer lo que no desea.

Cabe hacer notar que esta frase se vale de una sinécdoque; es decir, altera el significado de las palabras, pues lo que en realidad entra en el zapato es el pie, y no el zapato en el pie.

Aguacates y mujeres
maduran a puros apretones

El abusivo refrán es empleado por ciertos hombres arbitrarios para justificar su manoseo a las jovencitas.

Agua de las verdes matas,
tú me tumbas, tú me matas;
tú me haces andar a gatas

Con brevedad poética, el bebedor de pulque enaltece su afición a esa bebida mexicana.

Agua le pido a mi Dios
y a los aguadores, nada

Dicho utilizado antiguamente por quien se abstenía de pedirles favores a sus semejantes, ateniéndose a sus propias fuerzas y al favor de Dios.

Los aguadores, personajes populares urbanos ya extintos, se encargaban de transportar el agua desde las fuentes públicas hasta las casas, utilizando para ello grandes cántaros que sostenían sobre las espaldas.

¡Ah, qué la recién parida!

Exclamación utilizada para señalar a quien, al verse favorecido por las circunstancias, se torna caprichoso.

A la mujer primeriza que acaba de tener un bebé, se le llena de mimos y cuidados; con los que no pocas veces se vuelve fastidiosa y arbitraria.

¡Ah, qué moler de criatura, parece persona grande!

Se aplica a la persona insignificante que nos importuna.

¡Ah, qué suerte tan chaparra, me tocó la de perder!

Lamentación de quien se considera víctima de su mala fortuna, de su suerte que no alcanza una estatura digna de las circunstancias.

Alábate, cola: pues nadie te alaba, alábate sola

Reproche irónico dirigido a la persona que, pese a sus nulos o escasos méritos, se vanagloria.

Se identifica con el viejo adagio español que dice: "Alabanza en boca propia es vituperio".

A la madera se le busca el hilo y a los pendejos el lado

Significa que debe darse el trato adecuado a los tontos, para aprovecharse de ellos, buscándoles su lado débil.

El carpintero sigue el hilo de la madera para cepillarla con facilidad.

A

A la mejor cocinera
se le queman los frijoles

Señala que todos estamos expuestos a equivocarnos, y que hasta el experto en la materia llega a cometer errores.

A la mujeres bonitas y a los caballos buenos
los echan a perder los pendejos

Afirma este refrán que los hombres tontos consienten y elogian excesivamente a las mujeres bellas, volviéndolas engreídas. Asimismo, manejan a los caballos con torpeza, volviéndolos nerviosos y llenos de mañas.

¡Al carajo!, dijo David
y tiró el arpa

Con estas palabras se da por terminada, de manera brusca, alguna cuestión o controversia.

David, segundo rey de Israel, era un arpista excelente. Y cierto día, disgustado, arrojó el arpa lejos de sí.

A l'ora de freír frijoles
manteca es lo que hace falta

En la jerga de la gente del pueblo, **echar frijoles** significa reprender. Y **manteca,** en este caso, quiere decir valentía. Por lo tanto, el adagio da a entender que es fácil amonestar, pero se necesita valor para sostener lo dicho.

Los rancheros suelen decir **fréir,** con acento en la **e,** en vez de **freír.**

Al que le venga el saco que se lo ponga;
y si no le gusta, que lo componga

Se acostumbra utilizar este refrán después de lanzar una reprimenda o una amenaza, sin haber mencionado nombres de personas; con intención de que quien se sienta aludido tome para sí el regaño.

La segunda parte: "y si no le gusta, que lo componga", implica un desafío a quien, sintiéndose señalado, esté en desacuerdo con los conceptos emitidos y se sienta a disgusto.

En ocasiones, alguno de los circunstantes emite las seis primeras palabras del refrán: "Al que le venga el saco. . .", para dar a entender que él, por su honestidad, queda fuera de toda sospecha.

A mi no me chinga Bato
ni me fornica Bartolo

Advertencia llena de agresividad que alguno formula a quienes tratan de aprovecharse de él, y a quienes aclara que los considera muy poca cosa para que puedan lograrlo.

En las pastorelas, Bato y Bartolo son dos ingenuos pastorcillos.

Amor de lejos
es de pendejos

Según este refrán, el amor exige la presencia de la persona amada, y sólo los tontos aman a quien se halla ausente.

Tiene relación con otro refrán: "Santo que no es visto no es adorado".

Antes de que se lo coman los gusanos,
que lo gocen los humanos

Reflexión que se emplea para solicitarle sus favores a alguna mujer, haciéndole ver la conveniencia de disfrutar los placeres de la carne, antes de que la muerte llegue y acabe con los cuerpos.

Aquí nomás mis
chicharrones truenan

Afirmación arrogante que equivale a decir: "En este lugar solamente tiene validez lo que yo diga o haga; los actos de los demás carecen aquí de importancia".

A

¡Aquí se murió Sansón con todo y los filisteos!

Exclamación con la que se manifiesta que se ha determinado dar fin, de una vez por todas y a como dé lugar, con una situación molesta o inconveniente, y con las causas o compromisos que la originaron.

Sansón, encadenado al templo de Dagón, recuperó repentinamente sus fuerzas y lo derribó, muriendo junto con los filisteos que se encontraban en el lugar.

Atáscate, ora que hay lodo

Incita a alguno a hartarse, a darse gusto, ya que la ocasión es propicia.

Lleva intención desdeñosa: "Sáciate, revuélcate en el lodo de tus gustos o pasiones como un cerdo".

Aunque somos del mismo barro, no es lo mismo bacín que jarro

Es un refrán que lleva pretensiones elitistas. Es lo mismo que afirmar que todos somos hijos del mismo Dios y estamos hechos de barro; pero que con ese barro unos fueron hechos bacín destinado a recibir desechos orgánicos; y a otros, jarro que se lleva a los labios con agua u otro líquido potable.

A ver a un velorio y a divertirse a un fandango

Significa que las cosas serias deben tomarse con seriedad, y las frívolas con frivolidad.

A ver de qué cuero
salen más correas

Desafío de poder a poder, para dejar en claro quién es más fuerte o vale más.

A ver si como roncan
duermen

Con esta expresión se solicita a los jactanciosos que apoyen con hechos sus palabras, dudando que puedan hacerlo.

A ver si es cola
y pega

Hacer las cosas con la esperanza de que, por mera casualidad, resulten favorables.

¡Ay, cocol! ¿Ya no te acuerdas
de cuando eras chimisclán?

Burla enderezada en contra de quien, sin valer en realidad gran cosa, ha mejorado en lo social o en lo económico; y se llena de fatuidad, desdeñando a sus antiguos compañeros de pobreza.

El adagio nació entre los panaderos, los cuales afirman que el **cocol** es un pan un poco más fino que el llamado **chimisclán**. La intención irónica radica en el hecho de que la diferencia de calidades entre ambos panes es muy relativa.

¡Ay, chirrión, qué tren tan largo,
nomás el cabús le veo!

Audaz piropo para una mujer de prominente trasero.
El **cabús** es el vagón trasero de un convoy ferrocarrilero.

A

¡Ay, muerte no te me acerques, que estoy temblando de miedo!

Burla con la que se responde a las amenazas que se juzgan ridículas bravatas.

La eficacia del dicho está en el tono irónico con que debe emitirse.

¡Ay, reata, no te revientes, que es el último jalón!

Impetración, a la vez esperanzada y temerosa, para que el esfuerzo final no se malogre.

Baile y cochino,
el del vecino

Este sensato refrán señala la imprudencia de gastar el dinero en fiestas y convites. Y asegura que es mejor que sean los demás quienes organicen y sufraguen los festines, y concurrir a ellos en calidad de invitado.

Su equivalente es:

"Los locos hacen las fiestas y los cuerdos van a ellas".

Barájamela
más despacio

El dicho se utiliza para pedirle a alguno que sea más explícito al exponer sus razones, especificar sus manejos o aclarar una situación.

B

Bartolo
tocó la flauta

Expresión burlesca que se aplica al tonto que si hizo algo acertado, fue por simple casualidad.

Barrido y regado

Poner a alguien así, significa regañarlo duramente. "El jefe se dio cuenta de sus constantes descuidos, y lo puso barrido y regado".

Bastón delgadito,
reloj con piedritas
y anillo en el puro:
pendejo seguro

Expresivo y pintoresco refrán con el que se hace mofa de los tontos y vanidosos que gastan su dinero en adornos ridículos y superfluidades.

Beber agua
en el mismo jarrito

Dicho con el que se alude a quienes se entienden a perfección para lo que hacen o proyectan.

¡Bien haya lo bien parido,
que ni trabajo da criarlo!

Brusco requiebro propio para una mujer bella y frondosa.

Bien sabe el Diablo
a quién se le aparece

Da a entender este refrán que se abusa solamente de aquellas personas bonachonas o que no están en condiciones de resistirse al abuso.

Bienvenidas las visitas,
por el gusto que nos dan
cuando se van

Sarcasmo con el que se hace referencia a lo inoportunas y molestas que suelen ser las visitas.

¡Bonito disimulo!
tapándose la cara
y enseñando el culo

Pulla en contra de la mujer que se muestra pudorosa en los detalles superficiales, y en cambio se muestra desvergonzada en los actos fundamentales de su vida.

Borracho,
pero compracho

Réplica formulada por los borrachines a los que alguien les echa en cara su ebriedad. Es lo mismo que decir: "Si ando borracho, mi dinero me costó; y si tú no me pagaste los tragos, no tienes derecho a llamarme la atención".

Botellita de jerez,
todo lo que me digas
será al revés

Dicho usual entre los niños para responder a los insultos, aunque en ocasiones suele ser empleado también por la gente adulta.

Bueno es raspar
pero no arrancar
los magueyes

Este refrán aconseja que no es sensato tratar de obtener de las personas o las circunstancias más de lo que la cordura aconseja.

B

Para extraer el aguamiel, el tlachiquero raspa ligeramente la penca del maguey; pero si es inexperto arranca la penca y echa a perder la planta.

Buey viejo no pisa la mata, y si la pisa, ya no la maltrata

Menosprecio al hombre viejo que se une sexualmente a una mujer joven. "Don Fulano ya es abuelo y acaba de casarse con una chica de veintidós abriles; pero en fin: buey viejo no pisa la mata. . ."

Burrito que compra libros es burrito que los carga

El estudio y la lectura no aprovechan en realidad al tonto. Y en casa del necio los libros son un estorbo o simples objetos de presunción y pedantería.

Cabe recordar que el amenísimo escritor Artemio de Valle-Arizpe dijo en alguna ocasión: "Es preferible un tonto químicamente puro, a un tonto adulterado por la lectura. Resulta insoportable oír rebuznar al burro que se enorgullece de ir cargado de libros".

Buscarle ruido al chicharrón

Que no es prudente buscarse dificultades y problemas innecesarios.

El manejo del chicharrón es por fuerza ruidoso. Y el que le busca ruido, sin duda lo encuentra.

Buscarles chichis a las culebras

Dicho para mofarse de quienes, por ser o por hacerse tontos, buscan algo donde es imposible encontrarlo.

Las **culebras** no son mamíferos, sino reptiles, y por lo tanto carecen de mamas o **chichis.**

Con la misma intención, se dice: "Buscar tunas en los huisaches".

O bien: "Buscar guayabas en las magueyeras".

Caballo a caballo

Quedar dos personas al mismo nivel, empatar en una pugna o competencia.

Caballo manso, tira a malo; mujer coqueta, tira a puta; y hombre bueno, tira a pendejo

Este refrán se usa para juzgar a las mujeres casquivanas y a los hombres bonachones que —en su papel de esposos, padres o hermanos— les consienten sus ligerezas.

Caballo que llene las piernas, mujer que llene los brazos y gallo que llene las manos

Atributos que, en opinión de los rancheros, deben tener el caballo, la mujer y el gallo, para satisfacer al hombre.

C

Cada perico a su estaca
y cada chango a su mecate

Adagio que invita a que cada cual permanezca en el lugar que le corresponde, sin usurpar sitios y funciones ajenos.

Se utiliza, a modo de reproche, con las mujeres dadas a entrometerse en las vidas ajenas.

Se emplea asimismo como despedida al darse por concluida una reunión social.

Cada quien
con su cada cual

Acomódese cada uno a la persona que como pareja le corresponde, tanto por edad, como por nivel social.

Equivale al refrán español: "Cada oveja con su pareja".

Cada uno es muy dueño
de hacer de su culo
un papalote

Defiende el derecho de cada persona a hacer con lo suyo lo que mejor le acomode o venga en gana.

Cada uno tiene su manera
de dar chichi

Que cada quien tiene su modo particular de hacer las cosas. Y que ese modo es bueno si los resultados son efectivos.

Chichi es voz náhuatl que significa mama o teta.

También se dice: "Cada uno tiene su modo de matar pulgas".

Cada viejito
alaba su bordoncito

Es usual que cada cual ensalce lo propio, con o sin razón.

El refrán tiene esta variante: "Cada buhonero alaba sus agujetas".

Y esta otra: "Cada santo elogia su parroquia".

C

Calmantes montes,
pájaros cantantes,
alicantes pintos

Con esta pintoresca retahíla de palabras se pide calma a los impacientes.

Hay quienes dicen, con igual sentido: "La cosa es **calmecatl**".

Cansado de velar cadáveres
y no pinches muertos
con cabezas de cerillos

Curiosa bravata con la que se replica a un desafío. Equivale a responderle al provocador: "No te temo. Me las he visto con otros mejores que tú y los he vencido. Eres para mí muy poca cosa".

Cargarse
a lo pariente

Reproche en contra de quien abusa de las atenciones que se le han brindado, tomándose confianzas propias de un miembro de la familia.

Se usa también para indicar lo abusiva que suele ser la parentela.

Casamiento de pobres,
fábrica de limosneros

Se afirma con este adagio que la gente pobre que contrae matrimonio, induce el nacimiento de seres humanos que vivirán en la miseria, debido a la escasez de medios para sostenerlos y educarlos.

El refrán es injusto, pues no toma en cuenta los numerosos casos de quienes, habiendo nacido en la pobreza, han triunfado gracias a su esfuerzo y a los sacrificios de sus progenitores.

C

Celoso de la honra
y desentendido de la obligación

Ironiza al hombre que desatiende sus deberes económicos con la esposa, y en cambio la cela a todas horas.

Comen frijoles
y repiten pollo

Burla hecha a la gente dada a aparentar más de lo que tiene. También se dice: "Comen frijoles y eructan jamón".

Como dueño de mi atole,
lo menearé con un palo

Significa que con lo propio haremos lo que nos venga en gana, sin tomar en cuenta el qué dirán (véase: "Cada uno es muy dueño de hacer de su culo...").

Como el burro del aguador:
cargado de agua y muerto de sed

Alude a la persona pobre y llena de necesidades que, debido a su trabajo, maneja grandes cantidades de dinero que no le pertenece y del cual, por ello mismo, no puede disponer.

Se aplica también a los avaros, incapaces de gastar un poco de lo que atesoran, ni siquiera para darse un gusto.

Como el cohetero:
que si queda bien le chiflan;
y si queda mal, le chiflan

Quedar mal de todos modos, sin lograr complacer el gusto caprichoso de la gente.

Una antigua tradición pueblerina dispone que a los coheteros, tras de que han quemado sus juegos pirotécnicos, se les tribute una rechifla, lo mismo en señal de aprobación que de inconformidad.

C

Como el chile piquín: chiquito, pero picoso

Este dicho se aplica a las personas de poca estatura, pero de índole festiva y animosa.

El **piquín** es una especie de chile pequeñito, de forma esférica y extremadamente picante.

Como la gata de doña Flora: que cuando se lo meten, chilla; y cuando se lo sacan, llora

El dicharacho, usual también en Sudamérica, se emplea para referirse a la gente que siempre se muestra inconforme.

Como la perra de tía Cleta: que la primera vez que ladró le rompieron la jeta

Se emplea para referirse a quien, habiendo sido callado hasta entonces, alza la voz por vez primera en defensa de sus derechos; y es reprendido duramente.

Como las semitas de Puebla: con la ganancia adentro

Alusión a las mujeres que, a resultas de sus andanzas y amoríos, resultan embarazadas.

En la ciudad de Puebla, los vendedores de los panes llamados **semitas** decían a su clientela que cada pieza era en realidad mayor que su justo tamaño, ya que había sido elaborada con todo y la ganancia o gratificación concedida por el panadero a los consumidores.

Como lazo de cochino

El mecate o lazo con que se sujeta al cochino queda sucio, maltratado y lodoso. Por ello, quedar como **lazo de cochino,** significa terminar maltrecho y cubierto por los regaños.

C

Como los frijoles viejos: que al primer hervor se arrugan

El dicho se aplica, con intención de mofa, a las personas que se amilanan fácilmente ante las amenazas o dificultades.

Arrugarse tiene aquí el significado de encogerse a causa del temor.

Los frijoles viejos suelen estar agujereados por los gorgojos, y se arrugan tan luego dan el primer hervor.

Como los músicos alquilados: que todo el tiempo se les va en mear y en afinar

Con este dicho se censura a los holgazanes que se valen de variados pretextos para no cumplir con sus obligaciones.

Se asegura que los músicos a los que se contrata para tocar por horas, se vuelven mañosos y pierden el tiempo en ir a cada rato a los servicios sanitarios y en afinar sus instrumentos.

Como me la pinten, brinco; y al son que me toquen, bailo

Fanfarronada del bravucón que se jacta de que ninguna cosa le arredra, y que siempre está dispuesto para responder a un desafío.

Al parecer, este dicho se inspiró en los juegos infantiles que consisten en pintar rayas en el suelo para brincarlas.

Como nido de tejones: nomás los uñazos se oyen

Indica que los encargados de una negociación u oficina pública se dedican al hurto descarado. **Dar el uñazo** significa robar.

El dicho también se utiliza para hacer referencia a los bailes de la gente pobre, en los que supuestamente los concurrentes danzan descalzos.

C

Los **tejones** son mamíferos carniceros, de patas y cola cortas, orejas pequeñas y pelaje espeso. Las uñas de sus garras son muy largas, fuertes y agudas, y las utilizan para cavar las profundas madrigueras en las que habitan.

Compadre que a la comadre no le anda por las caderas, no es compadre de a deveras

Según este abusivo refrán, el compadre debe tener derechos de manoseo y pernada sobre la comadre, para probar así la efectividad del compadrazgo.

Compañeros del camino, pero no del itacate

Egoísta sentencia, según la cual deben compartirse los incidentes de la jornada, pero no los alimentos.

También se dice: "Soy como Juanito Orozco, cuando como no conozco".

Con el hijo atravesado

Andar **con el hijo atravesado** significa afrontar una dificultad grave, tan grave, que es comparable a la situación de la madre durante el parto, cuando el vástago se encuentra colocado de manera inadecuada dentro de la matriz, volviendo difícil el alumbramiento.

Con esa carne ni frijoles pido

Requiebro dirigido a una mujer de cuerpo exhuberante, a la que se compara con el platillo fuerte de la comida, tan satisfactorio en ese caso, que no deja sitio para el platillo final, es decir, para los frijoles.

C

Con pendejos, ni a bañarse, porque hasta el jabón se pierde

El refrán recomienda que nada se haga en compañía de los tontos, pues todo lo echan a perder con su torpeza.

Existe una variante: "Con pendejos, ni a misa, pues se hincan en los gargajos".

¿Con qué chiflas, desmolado, si careces de herramienta?

Razonamiento que se hace a quien hace planes optimistas, sin contar con los medios para llevarlos a cabo.

Herramienta equivale aquí a dentadura.

¿Con qué la tapas si llueve?

Burla dirigida al hombre extremadamente pobre que manifiesta sus deseos de hablarle de amor a una mujer.

¿Con qué ojos, divina tuerta?

Tiene cierta relación con el dicho anterior. Alguien afirma: —Irémos a Cancún y nos hospedarémos en un buen hotel. Realista, su interlocutor le replica: —¿Con qué ojos, divina tuerta?, o sea, ¿con qué dinero?

Contra las muchas penas, las copas llenas; contra las penas pocas, llenas las copas

El versito es usado como divisa por los borrachitos, quienes siempre encuentran pretextos para libar.

También se dice: "Para todo mal, mezcal; para todo bien, también".

C

Con una mano atrás
y otra adelante

Se usa este dicho para significar que se está en la mayor pobreza, encuerado de pura necesidad.

Con un poquito de lomo
y otro de resbaladillo
se vive siempre tranquilo

Tener lomo es no preocuparse por nada, dejando que consejos, censuras y reprimendas se **resbalen** sobre una coraza de cinismo e indiferencia.

Correr de caballo
y parar de burro

Con estas palabras se censura al inconstante que empieza las cosas con gran entusiasmo; pero que al poco tiempo las abandona con desgano.

Cualquiera toca el cilindro,
mas no cualquiera lo carga

Este refrán significa que acostumbramos mirar el lado fácil del trabajo de los demás, sin darnos cuenta de las dificultades que implica.

Los **cilindros** son instrumentos musicales muy fáciles de tocar, ya que sólo se requiere darle vueltas al manubrio. Pero son aparatos sumamente pesados y no todos pueden llevarlos a cuestas.

Cuando Dios da,
da a manos llenas

Cuando la providencia divina le llega a alguno, lo inunda con sus dones.

C

Cuando Dios dice a fregar, del cielo caen escobetas

Este adagio constituye la contraparte del anterior. Afirma que cuando, por voluntad divina, llega la de malas, los problemas se multiplican por todas partes, ya que nadie escapa a sus rachas de infortunio.

Cuando el pobre tiene para carne, resulta que es vigilia

Con este refrán, a no dudar fatalista, se afirma que siempre surgen dificultades imprevistas que impiden a un desdichado cumplirse un gusto.

Cuando está abierto el cajón, el más honrado es ladrón

Alude al cajón en el que los tenderos pueblerinos acostumbran guardar el dinero para sus operaciones comerciales del día.

El significado es obvio y equivale al de un conocido refrán español: "En arca abierta, el justo peca".

Cuando la burra es mañosa aunque la carguen de santos

Significa que cuando alguien es de mala índole, es inútil que se revista de signos de bondad o arrepentimiento.

Vale lo mismo que un viejo refrán: "Árbol que crece torcido, jamás su tronco endereza".

Cuando no les falta verso, es que les falta tonada

El dicho indica la ineptitud de alguna gente.

Tiene relación con otro adagio: "De que la partera es mala, le echa la culpa al culo".

C

Cuando San Juan baje el dedo
o cuando baile el jarabe

En otras palabras, jamás. Se emplea burlonamente ante los juramentos y promesas de personas indignas de confianza. Por ejemplo, a un ebrio empedernido se le dice: —¿Así es que vas a dejar la copa? —Claro, cuando San Juan baje el dedo o cuando baile el jarabe.

Cundo se acaba el curado,
conformarse con el blanco

Este adagio mexicanísimo da a entender que cada cual debe conformarse con los bienes o recursos que le quedan tras de agotarse los más preciados.

Existen dos clases de pulque: el **blanco** y el **curado.** Este último es el que ha sido enriquecido con jugos de fruta u otros ingredientes. Por supuesto, el pulque **curado** es el más fino.

Cuando uno está de malas,
hasta los perros lo mean

Equivale a decir que cuando la mala suerte nos persigue, hasta las más humillantes contrariedades nos ocurren.

¡Cuánto me gusta lo negro,
aunque me asuste el difunto!

Este dicho se emplea para requebrar a alguna guapa mujer vestida de negro y a la que, de manera humorística, el galanteador supone viuda.

Cuchillito de palo,
no corta,
pero como chinga

Se refiere a la gente que nos molesta sin llegar a herirnos, pero ocasionándonos un permanente disgusto.

C

Cuesta más cara una gorra que un sombrero galoneado

En ocasiones, una invitación a comer o a tomar la copa nos sale más cara que si la hubiéramos pagado de nuestro bolsillo, por el sablazo que a fin de cuentas nos asesta quien nos hizo el convite.

Gorra se le dice en nuestro país al disfrute de una invitación gratuita.

Cuesta más caro el caldo que las albóndigas

Alude a aquellas ocasiones en que lo superfluo sale costando más caro que lo necesario. Censura los despilfarros.

CH

Chaparra tenías que ser
pa' semejarte a mi suerte

Comparación desdeñosa que se hace entre la mala fortuna y la mujer de corta estatura.

Suerte chaparra se le dice a la que no ha podido elevarse y permanece vecina al suelo, al ras de la miseria y la desventura.

Chato,
pero las huelo

Que a pesar de las apariencias en contra, se posee la perspicacia suficiente.

En realidad, el tener larga o corta la nariz nada tiene que ver con la sensibilidad olfativa.

CH

¿Chilaquiles aquí y enchiladas allá?

Ante la posibilidad de que tras de la muerte el alma vaya a lugares de castigo y tormento, quien mucho a sufrido en este mundo se pregunta, por medio de esta pintoresca expresión, si acaso en el más allá continuarán sus padecimientos. Es como si reflexionara: "¿Cintarazos aquí y latigazos allá?"

Chillarle el cochino

Descubrírsele a alguno el hurto que ha cometido.

Se cuenta que hubo una vez un hombre que se robó un pequeño cerdo, y que el propietario del animalito lo condujo a la comisaría del pueblo para acusarlo de robo.

El comisario interrogó al acusado. Pero éste se defendió con tal habilidad, que lo convenció de su inocencia.

Ya se retiraba el ladrón, cuando el cerdito, que llevaba oculto bajo el jorongo, empezó a chillar, delatando al sinvergüenza y echando por tierra su pretendida honestidad.

Chinita de no peinarse

Alusión irónica a la mujer desaseada, cuyos cabellos enmarañados forman sucios rizos, o, como en México se dice, **chinos.**

El dicho tiene un equivalente: "Prietita de no bañarse".

Chiquito se me hace el mar para hacer un buche de agua

Baladronada de quien supone que ninguna hazaña es demasiado grande o imposible para su destreza o valor.

Chismes de viejas, hasta el infierno no paran

Las habladurías de las mujeres chismosas crecen, se divulgan, enredan a la gente, dañan honras y son demostración de la perversidad que llevará a sus autoras, demonios de lenguas viperinas, hasta los profundos infiernos.

Chivo brincado, chivo pagado

Significa que lo que se compra se paga al riguroso contado y en el momento en que se recibe.

También se dice: "Al chas-chas", o sea: moneda sobre moneda.

Chocolate que no tiñe, claro está

Que las cosas deben resultar claras y evidentes por sí mismas.

El **chocolate** en taza que no tiene color es porque está muy diluido.

Este refrán equivale a un viejo adagio español: "Las cuentas claras y el chocolate espeso".

Chula a la que mucho se chulea, se obliga a que se lo crea

Indica que los repetidos elogios a la hermosura de una mujer suelen volverla vanidosa y muy pagada de su belleza.

En México, **chula** significa bonita; y **chulear** a una mujer equivale a llamarla **chula** muchas veces y a enumerar sus encantos.

Dadas,
ni las puñaladas
hacen daño

Que nunca deben rehusarse las cosas regaladas.

Desde luego, la afirmación peca de exagerada, ya que las puñaladas que se reciben jamás podrán dejar de causar daño.

Dado, rogado,
puesto en la puerta
y arrempujado

Este dicho hace alusión a quienes, necesitados de ayuda, son tan holgazanes y comodinos que quisieran obtenerla a domicilio, sin ninguna molestia o esfuerzo de su parte.

D

Dando y dando,
pajarito volando

Referencia a un trato en el que lo que se compra debe recibirse al mismo tiempo que se efectúa el pago, sin dilaciones de ninguna de las partes.

Dar atole
con el dedo

Engatusar con promesas y fingimientos.

Es prácticamente nula la cantidad de **atole** que pueda ofrecerse untado en un dedo.

Dar el alón
para comerse la pechuga

Estratagema que consiste en obsequiar algo de escaso valor, para obtener a cambio algo de mucha mayor cuantía.

Dar el braguetazo

Alude al hombre pobre que, movido por el interés, logra contraer nupcias con una mujer acaudalada.

Dar
en la mera torre

Descargar golpes definitivos, aniquilatorios, haciendo que la víctima se derrumbe como una torre.

Dar
la machincuepa

Cambiar repentinamente de ideología política, por motivos de oportunismo.

Machincuepa es la voltereta que dan los niños en sus juegos.

D

Dar
la patada

Golpear el olfato de los demás con el olor de la mugre o la ebriedad. "Pretendía no haber tomado ni una sola copa, pero lo denunció **la patada** del alcohol".

Dar pan
con cordonazo

Hacer un favor a alguien y quitarle todo mérito al echárselo en cara o regañarle.

Dar
para sus tunas

Significa asestarle una tunda a quien se ha hecho acreedor a ella con sus inconsecuencias.

Existe un cuentecillo al respecto. Se dice que cierta vez un niño daba de gritos, y llorando le pedía dinero a su mamá para comprar tunas. Exasperada con los lloros, la mujer dio de nalgadas al muchacho, a la vez que le decía: "¿Con que querías para tus tunas, no? Pues así es como se les da para sus tunas a los chamacos molones".

Date vuelo, bandolón,
aprovecha la tocada

Con intención inequívoca de burla, este dicho se emplea para decirle a algún abusivo que se valga de la ocasión y disfrute a sus anchas.

El **bandolón** es un instrumento de cuerda parecido a la bandurria, aunque algo mayor.

De esas mariposas
no cogen tus redes

Pintoresca forma de darle a entender a un iluso que ponga los

D

pies sobre la tierra y no sueñe imposibles. La expresión "no cogen" posee un indudable sentido malicioso.

Tiene un equivalente muy conocido: "De esas pulgas no brincan en tu petate".

De ese filo
es mi machete

Señala que se comparten los mismos gustos. "De veras, compadre, está chulísima esa muchachona con la que andas. **De ese filo es mi machete**".

Con igual intención, también se dice: **"De eso pido mi limosna"**.

Déjalas que corcoveen,
que ya agarrarán su paso

El dicho proviene del viejo lenguaje de los arrieros. Y aunque originalmente aludió tan sólo a las mulas de las recuas, más tarde se aplicó también a las mujeres. Da a entender que las que se muestran esquivas, ante la insistencia de sus galanteadores acabarán volviéndose dóciles y cariñosas.

Dejarlo a uno
colgado de la brocha

Dejarle sin ayuda en el momento en que ésta es más necesaria. Abandonarle a su suerte en una situación difícil.

De la mera mata

De lo auténtico, de lo mejor, de buena cepa.

De lo que murió el quemado:
de ardores

Condena a los envidiosos, atormentados por las satisfacciones, los triunfos y la buena fortuna del prójimo.

D

De los parientes y el sol,
mientras más lejos mejor

Refrán que aconseja distanciarse de los parientes, los cuales suelen exigir y abusar en demasía, y cuyos excesos son comparables a los perjuicios causados por la exposición excesiva a los rayos solares.

De los retozos
salen los mocosos

Advertencia destinada de preferencia a las jóvenes parejas de novios, a quienes se les recuerda que los muchos besos, caricias y abrazos llevan con facilidad a mayores libertades y a la copulación, generadora de hijos.

Desde lejos, lo parecen;
de cerca, ni duda cabe

Alusión a los tontos y a los pedantes.
Igualmente se dice: "Los caballos blancos y los pendejos se conocen desde lejos".

Desde que se inventaron las disculpas,
se acabaron los pendejos

Con este dicho se contesta a las excusas a que tan dados son los tontos de todos los niveles, para intentar justificar sus errores grandes, medianos o pequeños.

Despacito
y buena letra

Vieja norma docente: no apresurarse, y buscar la excelencia en lo que se hace.

D

Despacharse
con la cuchara grande

Abusar de una situación, en perjuicio de terceros.

De tal jarro,
tal tepalcate

Es un hecho que defectos y cualidades se heredan, lo mismo por la vía genética que a través del medio familiar.

Equivale al viejo adagio español: "De tal palo, tal astilla".

Y a este otro: "No lo hurta, lo hereda".

De todos modos,
Juan te llamas

Eres quien eres, así te cubras de títulos o disfraces.

Tiene clara relación con el viejo refrán: "El hábito no hace al monje".

Dialtiro la tronchan verde,
no la dejan madurar

El dicho se emplea para expresar inconformidad ante acciones que se juzgan arbitrarias.

Troncharla verde es arrancar una fruta que aún no está en sazón. Es también aprovecharse sexualmente de una mujer demasiado joven.

Dialtiro es un modismo mexicano que equivale a colmo, exageración, exceso.

Dios castiga
sin vara y sin cuarta

Es decir, quien actúa mal recibe sin falta su castigo, por alguno de los múltiples caminos de que dispone Dios.

La **cuarta** es un látigo corto que se emplea con las caballerías.

D

Dios da el frío
según la cobija

Que la providencia divina protege y da a cada uno según sus necesidades.

Seguramente, sería más adecuado decir: "Dios da la cobija según el frío".

Dios mío, si borracho te ofendo,
con la cruda me sales debiendo

Al sufrir la **cruda,** el tomador reflexiona que si la borrachera constituye un pecado a los ojos de Dios, los terribles efectos del **traspedo** son un castigo desmedido.

Cruda, traspedo y **resaca** son los nombres dados a la secuela de malestar y agotamiento que las bebidas alcohólicas producen al siguiente día de ser ingeridas.

Donde manda el caporal,
no gobiernan
los vaqueros

Su significado resulta obvio. Tiene su equivalente en el adagio español "Donde manda capitán, no gobiernan marineros".

Donde se saca
y no se mete,
pronto el fondo se le halla

Advertencia hecha a los derrochadores que dilapidan el dinero, sin guardar para el mañana.

Duele más el cuero
que la camisa

Significa que importa más el daño en lo propio que en lo

D

ajeno. Con frecuencia se emplea este refrán para declararse a favor de los miembros de la propia familia.

Algunos le dicen **cuero** a la piel del cuerpo humano.

Dulce licor, bello tormento, ¿Qué haces afuera? ¡Vamos pa' dentro!

Dicho que, a manera de brindis, el bebedor pronuncia con un vaso de licor en la mano, antes de apurarlo de un gran trago.

¡Echale copal al santo, aunque le jumees las barbas!

Reconvención al insensato que con sus chismes azuza la ira de las personas metidas en un pleito.

El **copal** es una resina que se utiliza como incienso.

Jumear dice la gente ranchera en vez de **humear**.

Echar el gato a retozar

Entregarse al hurto, aprovechándose del puesto que se tiene.

El gato se vale de su elasticidad y ligereza para ejercitar las uñas y cazar ratones.

Echar el moco en el atole

Cometer un disparate; meter la pata, como quien por descuido deja caer un moco en el atole.

E

Echarle los perros

Declararle su interés amoroso a alguno.

Echarle mucha crema a sus tacos

Se aplica a quien se jacta de sus méritos. Asimismo, al que exagera en sus elogios a algo o alguien.

Echate este trompo en l'uña, mientras que te bailo el otro

Cuando solamente se utiliza la primera línea de este dicho, "Échate ese trompo en l'uña", se expresa la admiración que alguna proeza causa. Si se agrega la segunda línea, "mientras que te bailo el otro", se manifiesta que en seguida se producirá algo aún más sorprendente.

Echate, Firuláis, que vendrás cansado

Cuchufleta lanzada a la persona que, tan pronto llega a un lugar, se sienta o recuesta a sus anchas.

Firuláis es nombre de perro.

El amor de pobre es como el espinazo de puerco: pelado, pero sabroso

Afirma este pintoresco dicho que el amor de la gente pobre, es decir, de los **pelados,** es sincero y de grato sabor, por lo que es comparable al espinazo de cerdo, que tiene poca carne, pero deliciosa, según aseguran los conocedores.

El culo
y las dos piernas

Réplica a quien afirma que su tarea está ya casi concluida, cuando en realidad es aún mucho lo que le falta por hacer.

Este dicho se basa en un cuentecillo:

Un hombre se mandó confeccionar un pantalón. Y al llegar el día en que debía recibir la prenda, el sastre —tan incumplido como suelen serlo todos los sastres— le dijo: —"Todavía no está su pantalón, pero ya casi se lo tengo terminado: sólo me falta hacerle el culo y las dos piernas". O sea, que todo estaba por hacerse.

Con igual significado, se dice: "Como el saco de don Justo: arreglado y sin solapas ni botones".

El chiste no está en ser cusca,
sino en saberlo menear

Que deben hacerse bien las cosas propias de un oficio o actividad.

No siempre las vendedoras de placer son diestras en su oficio.

Cusca es sinónimo de prostituta.

El chiste no está en tenerlo,
sino en saberlo gastar

Alusión a la gente acaudalada, pero a la que su tacañería hace vivir poco menos que en la miseria.

Cabe aquí mencionar esta copla:

> "El dinero en esta vida
> tiene genio y tiene casta:
> no sirve si no se cuida,
> ni sirve si no se gasta".

E

El marido que no da
y el cuchillo que no corta,
que se pierdan
poco importa

Este refrán compara al marido desobligado con el cuchillo me-
llado que ya no corta, y señala que ambos son inservibles para
la mujer.

El milagro de San Bruno:
¡Dos animales en uno!

Cuchufleta que suele lanzarse al ver a algún necio montado en
burro o caballo.

El muerto y el arrimado
a los tres días apestan

Un cadáver se descompone y pronto empieza a despedir mal
olor. Y un **arrimado,** como se le dice a la persona desprovista de
medios que se acoge a la hospitalidad de casa ajena, no tarda
en volverse indeseable y en ser visto como un apestado.

El que es pendejo
ni de Dios goza

Afirma este adagio que el tonto no sabe disfrutar de la vida,
y ni siquiera gozaría de la bienaventuranza divina si el destino la
pusiera a su alcance.

El que es perico
donde quiera es verde;
y el que es tarugo
donde quiera pierde

El sentido de este refrán en verso es inequívoco. Todo perico
es de color verde; y todo tonto está predestinado a fracasar en
cuanto hace o emprende.

El que nace barrigón,
aunque lo fajen

De acuerdo a este refrán, nadie puede escapar a su destino y a su propia naturaleza.

El que nace para buey,
del cielo le caen las astas

Que hay hombres cuyo destino es ser víctimas de las infidelidades de su mujer.

El que nace pa'tamal,
del cielo le caen las hojas

Otro adagio fatalista, que hace depender el destino de los seres humanos del hado inevitable

El que por su gusto es buey,
hasta la coyunta lame

Señala este adagio que nadie debe lamentarse del mal que él mismo se causó.

También indica que hay quienes tanto aman hacer su gusto, que se obstinan en él aunque les ocasione daño.

El que presta a la mujer para bailar,
o al caballo pa'torear,
muy pendejo debe ser
si se pone a reclamar

Que si ha aceptado tales riesgos, más vale al hombre quedarse callado si seducen a su mujer o destripan a su caballo.

En mejores bocamangas
he atorado mi pescuezo

Resentido por los desdenes de alguna hembra, el hombre mu-

E

jeriego dice jactanciosamente estas palabras, con las que da a entender que dicho fracaso amatorio no le importa, ya que ha logrado conquistas de amor muy superiores.

Bocamanga se le llama a la abertura que en su parte media tienen los sarapes, y en la cual se introduce el cuello.

¡Entrale a las empanadas, ora que es día de vigilia!

Animosa invitación a aprovechar las buenas oportunidades que se presentan.

En la temporada de vigilia, las panaderías y pastelerías de México ofrecen a su clientela deliciosas **empanadas** rellenas de pescado, marisco, pollo o mermelada de frutas.

Entre mula y mula, nomás las patadas se oyen

Se alude con este dicho a las grescas y discusiones que arman entre sí las personas que tienen caracteres iguales de violentos y difíciles.

Es buena la libertad, pero no cagar el gorro

Es decir, es buena la libertad, pero no el libertinaje.

El emblema de la diosa Libertad suele ser representado con un gorro frigio.

Este refrán ha dado lugar a la siguiente copla:

*"En su amor a la verdad
la zorra le dijo al zorro:
No te gusta la humedad
y te metes en el chorro;
es buena la libertad,
pero no cagar el gorro".*

Es bueno el encaje,
pero no tan ancho

Censura a los encajosos que abusan de la confianza que se les ha brindado.

Es mucha jaula
para un pobre pajarito

Al paso de una mujer de cuerpo exuberante, el hombre desmedrado y de espíritu realista emite el dicharacho.

También se dice: "Es mucho jamón para un triste par de huevos".

Estar bailando
en la reata

Encontrarse en una situación difícil, arriesgada, dudosa.

Estar pariendo
chayotes

Llevar a cabo una tarea dificultosa, lenta y que ocasiona grandes sufrimientos.

Fácil es decir,
lo difícil es hacer

Palabras y promesas se las lleva el viento. Los hechos son los que cuentan y suelen ser difíciles de realizarse.

A continuación, se ofrecen tres equivalentes:

"De lengua me como un plato".

"El prometer no empobrece, el dar es el que aniquila".

"Del dicho al hecho hay mucho trecho".

Faltarle lo que a los pantalones
de don Justo:
el culo, las dos piernas
y el bordadito que pidió a su gusto

Se aplica a quien quiere hacernos creer que su tarea está casi concluida, cuando en realidad apenas está comenzada.

F

En el refrán, lo que falta a los pantalones de don Justo es prácticamente todo.

Fallar
por un pelito de rana

Errar por mínimo margen, tan escaso que se le compara con el inexistente pelo de una rana.

Fea (o feo)
como pegarle a Dios

El colmo de la fealdad. Con este dicho se alude a las personas de extrema fealdad.

Febrero y las mujeres,
por día diez pareceres

Adagio que compara al mes de febrero, de tiempo muy variable, con la veleidad femenina.

Fiador-pagador:
pendejo mayor

Verdad indiscutible. Es una tontería mayúscula el respaldar cuentas ajenas, exponiéndose a perder el dinero y la amistad.

Fregado
como reata de noria

Encontrarse en pésima situación: sin trabajo y lleno de compromisos y deudas. O con la salud completamente deteriorada.

Las reatas que sostienen y mueven los cubos que sacan el agua de los pozos o norias, están sometidas a un roce constante que las desgasta y destruye, dejándolas bien fregadas.

¡Fuchi, caca!
¿Quién comiera?

Pulla dirigida a quien afirma despreciar algo, como la zorra de la fábula dijo de las uvas, simplemente porque no está a su alcance.

¡Fuchi, caca! es expresión que las mamás usan con los niños muy pequeños, para evitarles que toquen o coman aquello que les haría daño.

¡Fuéramos pocos. . .
parió la abuela!

Significa que a las necesidades que ya existían se añaden nuevos apuros y problemas.

Se cuenta que una familia de campesinos extremadamente pobres tenía la desgracia de que todas las mujeres de ella eran muy fecundas, aumentándose así el número de bocas que alimentar. Cuando andaban preocupadísimos porque una de las muchachas parió mellizos y otra triates, la abuelita, de 75 años de edad, resultó también embarazada y dio a luz, motivando la exclamación que se convirtió en refrán.

Gallina cacaraquienta
es la que se toma en cuenta

Aconseja destacar los méritos propios para llamar la atención y ser tomado en cuenta.

El granjero aprecia a la gallina a la que oye cacarear con fuerza cada vez que pone un huevo, considerándola una gran ponedora.

Acorde con esta forma de pensar, el general Plutarco Elías Calles dijo en una ocasión: "En el gallinero de la política, la gallina más estimada no es la que pone el mejor huevo, sino la que mejor sabe cacarearlo".

Gallina vieja
hace buen caldo

Este refrán suele andar en boca del hombre que anda en amoríos con una mujer de edad.

G

Gallo, caballo y mujer, por la raza has de escoger

Significa que así como es preferible adquirir gallos y caballos de raza fina, debe procurarse que la mujer que se escoge para esposa sea de buena estirpe, es decir, de familia honorable.

Ganas tiene el aceite de chirriar ese tocino

Alude al hombre que finge desdeñar a una apetitosa mujer, pero que en su fuero interno la desea con ardor.

Chirriar equivale aquí a freír, pues cuando el tocino se fríe en el aceite se oye un **chirrido.**

Ganas tiene el panteonero de que la epidemia cunda

Se aplica a quien, aun cuando lo disimule, anhela que se produzca cierta situación que le producirá satisfacciones o beneficios.

Para el panteonero, cuyos ingresos dependen de los cadáveres que sepulta, las épocas de epidemia y mortandad son de bonanza indudable.

Gorgojo, más chico que un piojo; así de chiquito nos produce enojo

Que una persona de apariencia insignificante nos ocasiona daño y malestar.

Pese a su reducida dimensión, los gorgojos son insectos sumamente nocivos que causan considerables deterioros en los cereales.

G

Goza de tu abril y mayo, que tu agosto llegará

La juventud debe disfrutarse a plenitud, pues sin falta habrá de llegar la madurez con su carga de responsabilidades y sufrimientos.

Grandotas aunque me peguen

Piropo que se lanza al paso de las mujeres altas y corpulentas.

Haber comido gallo

Alusión a las personas que, contra su índole más bien apacible, de pronto se muestran de ánimo rijoso e iracundo.

El gallo es un ave de pelea. Y se supone, sin fundamento, que quien lo ingiere se apropia de su temperamento combativo.

Hablando de la grosella
y comiendo de ella

Señala a los ingratos que hablan mal de quien los favorece o les proporciona medios de subsistencia.

Hacerles caso a los pendejos
es engrandecerlos

Tomar en cuenta lo que dicen o hacen los tontos es concederles una importancia de la que carecen.

El refrán suele emplearse para darle a entender a un necio que sus insultos no se toman en consideración por venir de él.

H

Hacer los que las viejas en los bailes: ocupar sillas, vaciar copas y hablar como tarabillas

Referencia a los indeseables que originan gastos y sólo sirven de estorbo.

Las mujeres de edad que concurren a los bailes ya no bailan; y si aún lo hacen, ninguno se atreve a sacarlas a bailar. Por lo tanto, permanecen sentadas toda la noche, consumiendo cuanta copa queda a su alcance y entregadas al chismorreo.

Hacer lo que las viudas: tarugada y media

Cometer una serie imperdonable de errores.

No pocas mujeres viudas, inexpertas en el manejo del dinero y desacostumbradas a valerse por sí mismas, mal emplean su herencia en despilfarros y malos negocios, incurriendo en repetidas tonterías.

Hacerse como tío Lolo, que se hace tarugo solo

El sentido es obvio. Significa hacerse tonto. "¿Y supones que el banco te va a prestar ese dinero sin ninguna garantía? Te haces como tío Lolo".

Hacerse jaula para que le metan el pájaro

Fingir inocencia o desconocimiento para lograr un propósito. Valerse de pretextos para insinuarse sexualmente a alguien.

Este dicho se aplica con frecuencia a los homosexuales.

Hágase la voluntad de Dios en los bueyes de mi compadre

Convenenciera aceptación de la voluntad divina, acatando resignadamente cuanta desgracia ocurra, siempre y cuando no afecte los intereses propios.

Se emplea con intención irónica para subrayar el egoísmo de la gente.

Hasta el santo desconfía cuando la limosna es grande

La prudencia aconseja recelar de los donativos demasiado generosos, que en ocasiones pueden encubrir segundas intenciones y ser cohechos.

Hasta la risa te pago, cuantimás unos eructos

Agresiva réplica dada por el bravucón a quien le pregunta si podrá pagarle un consumo o liquidarle una deuda.

También se dice: "¡Hasta las ganas!"

Hasta lo que no comen les hace daño

Censura dirigida contra los entrometidos y suceptibles a quienes molestan hechos y situaciones que no son de su incumbencia.

Hasta no verte, Jesús mío

Exhortación hecha por un bebedor a los demás tomadores para que tomen el licor servido, hasta vaciar los vasos.

Antiguamente, el vino solía servirse en tarros fabricados por los monjes y que llevaban en el fondo las iniciales JHS, abreviatura del nombre de Jesucristo. Cuando el tarro estaba lleno y el piadoso bebedor deseaba contemplar las sagradas iniciales, tenía que apurar íntegramente el contenido, hasta dejar visible el fondo. Antes de hacerlo, se encomendaba con las palabras "Hasta no verte, Jesús mío".

H

Hasta que corté una flor de tu jardín

El dicho es emitido por quien recibe una invitación o un obsequio de alguien que jamás había tenido con él tales atenciones.

¡Hasta que se le hizo al agua!

Exclamación que a manera de broma se dedica a la persona que acaba de tomar un baño, dándole a entender que hacía mucho tiempo que el agua no tocaba su cuerpo para asearlo.

También se dice: "¡Hasta que se le hizo al jabón!" O bien: "¡Hasta que se le hizo a la lejía!"

Hay quien mucho cacarea y no ha puesto nunca un huevo

Reprobación a los que presumen de lo mucho que pueden y hacen, cuando en realidad son unos buenos para nada.

He visto caer palacios cuantimás tristes jacales

Alusión a quien, relativamente encumbrado por un golpe de suerte, se llena de soberbia; y al que se le auguran los inevitables fracasos que su torpeza y prepotencia le acarrearán.

También es empleado el dicho por el cortejador jactancioso ante los desdenes de la mujer que pretende, y a la que no pierde la esperanza de conquistar algún día.

Huir del señor de los trabajos y hallarse con el señor de las necesidades

Padecer una mala situación y, al intentar salir de ella, caer en otra peor.

Indio que quiere ser criollo, al hoyo

Alude a la desconfianza que inspira el indio inconforme con su condición de tal, y que por todos los medios trata de aparentar que es de otra raza. Considera que un individuo así es falso por naturaleza y no merece siquiera la vida.

Injurias de pillo dan honra y brillo

Señala que las ofensas que nos lanza un bribón significan que nos juzga diferentes a él, o sea, personas decentes.

Tiene relación con otro refrán: "Elogio de sinvergüenza, es para daño y vergüenza".

I

Ir en caballo
de hacienda

Ir a la segura, con todas las ventajas de nuestra parte.

Se juzga que los caballos del hacendado son los mejores y más confiables.

Irse a las greñas

Pleito violento entre mujeres, en el cual éstas agarran por el cabello a la contrincante, para sujetarla y golpearla.

Se dice también, con el mismo sentido: "Agarrarse del chongo".

Chongo se le llama a la masa de cabello retorcido y apretado que algunas mujeres acostumbran llevar en la parte posterior de la cabeza.

Irse como el mayate,
con todo y hebra

Abuso de confianza consistente en abandonar un trabajo o encargo, llevándose consigo los utensilios o el dinero entregados para el cumplimiento de la encomienda. Un cobrador, por ejemplo, deja sorpresivamente el empleo que tiene en una empresa y se roba el dinero de los cobros.

El dicho tiene este origen:

Los niños campesinos de nuestro país acostumbran jugar sujetando a los **mayates** por medio de un hilo amarrado a una de sus patas, para echarlos a volar, aunque manteniéndolos cautivos. A veces, el **mayate** se les escapa de las manos con todo y la hebra del hilo sujeto a su pata.

Mayate, del náhuatl **mayatl**, es el nombre que en México se le da al escarabajo.

Con igual sentido, se dice asimismo: "Irse como los toros del jaral, con todo y reata".

Irse con la cuartilla
del mandado

Ratería. Huir con un hurto de escaso valor, equiparable a la suma insignificante que se emplea para mandar hacer una pequeña compra en el mercado.

La **cuartilla** fue una antigua moneda mexicana de poco valor, equivalente a un cuarto de **real.**

Irse
con los huacales vacíos

Abandonar un lugar sin la ganancia que se había calculado.

Irsenos
el santo al cielo

Olvidarnos de aquello que íbamos a decir. **Lapsus linguae.**

Jalan más dos chichis
que una yunta de bueyes

Señala el gran influjo que sexualmente la mujer tiene sobre el hombre.

Equivale al adagio español: "Jalan más dos tetas que dos carretas".

Con igual significado, también se dice: "Jala más un culo que un mulo".

Jarabe de pico

Expresión referente a la palabrería, la charlatanería, la verborrea. "No creo en las promesas de los políticos, porque son puro **jarabe de pico**".

J

Jarrito nuevo,
¿dónde te pondré?

Alude al interés y el entusiasmo que lo novedoso suscita en el ánimo de la gente. Se aplica con intención de burla a quienes se vuelcan en elogios al hablar de una nueva amistad o un nuevo amor.

Algunos complementan el dicho de esta manera: "Jarrito viejo, ¿dónde te tiraré?", para indicar que en cambio se siente desdén por lo viejo y conocido.

Juan palomo,
yo me lo guiso
y yo me lo como

Se emplea por quien no considera justo compartir sus ganancias con los que en nada le ayudaron a obtenerlas.

Otros lo usan para censurar al egoísta que se niega a compartir el fruto de sus esfuerzos y trabajos.

¡Juega el gallo!

Frase con la que se acepta entrar en la propuesta que se nos hace.

Con el mismo sentido, se dice asimismo: "¡Juega el pollo!"

Juego que admite desquite,
ni quien se pique

Refrán usado por los jugadores para dar a entender que no cabe el resentimiento en el juego cuando al perdedor se le ofrece oportunidad de revancha.

Juntarse el hambre
con las ganas de comer

Infortunada unión de dos personas que se encuentran sumidas en idéntica pobreza.

J

Juran del alma la ternura, pero es pura calentura

Movidos por sus necesidades sexuales, algunos enamorados mencionan su espiritualidad y la delicadeza de sus sentimientos; pero con el pensamiento puesto únicamente en los deleites carnales.

La beben de a cinco
y la platican de a diez

Desaprobación a quienes, en un grupo de bebedores, toman poco y hablan mucho. Sujetos así son mal vistos por los cantineros, dado el exiguo consumo que hacen.

La burra no era arisca,
pero los golpes la hicieron

Alude a los casos en que la desconfianza es el resultado de los reveses padecidos o de los perjuicios causados por alguno; de la misma manera que una burra se vuelve recelosa si es tratada a palos.

Arisca significa huraña, intratable.

L

La carne pegada al hueso
es la más sabrosa

Tal afirma el hombre que en los placeres del amor prefiere a las mujeres delgadas, mucho más de su gusto que las de carnes abundantes.

La casada le pide
a la viuda

El dicho hace referencia a los casos en que una persona necesitada le solicita ayuda a otra aún más necesitada que ella.

Se supone que una viuda, al carecer de marido que la sostenga, pasa grandes apuros económicos.

La cáscara
guarda el palo

Absurdo dicho de la gente desaliñada y desidiosa, a la que no le gusta el baño.

La cobija y la mujer
suavecitas han de ser

Que la cobija tersa y la mujer de carácter dócil son las más satisfactorias y apetecibles.

La chancla que yo tiro
no la vuelvo a levantar

Desdeñosas palabras con las que el hombre mujeriego se refiere a la mujer que ha dejado de amar y de la que no piensa volver a ocuparse.

La fruta bien vendida
o podrida en el huacal

Recomienda no efectuar una venta ni aceptar un trabajo a

precio ruín. Y asegura que es preferible que la mercancía se eche a perder, a efectuar un trato desventajoso.

La ley de Caifás:
al fregado, fregarlo más

No faltan abusadores que se aprovechan de la mala situación del prójimo para retribuirle mal su trabajo o comprarle sus escasas pertenencias a precio vil.

Desgraciadamente, a cada paso se confirma la verdad que este dicho encierra.

La ley del embudo

Es la norma tácita de que se vale siempre el abusivo: lo ancho para él y lo angosto para los demás.

La mujer que fue tinaja
se convierte en tapadera

Es decir, la mujer de cascos ligeros acaba de vieja alcahueta.

La mula es mula;
y cuando no patea, recula

Quien es de mala índole, siempre procede de mala manera. También se dice: "La mula que no patea, muerde".

La rana más aplastada
es la que más grita

Significa que quien está más oprimido o más necesitado, es naturalmente el que más se queja.

Otros dan al refrán el sentido de que quien menos vale, más escandaliza.

L

La reata se revienta
por lo más delgado

Quiere decir que la persona más débil o más desprotegida suele llevar la peor parte en una circunstancia difícil y lesiva.

Las pistolas las carga el Diablo
y las disparan los tarugos

Los tontos se dejan dominar por sus arrebatos y cometen la imprudencia de echar mano de la pistola, metiéndose en graves dificultades y convirtiéndose incluso en criminales.

La suerte no es como la preñez:
que dura nueve meses

Este refrán indica que la suerte suele ser pasajera, por lo que hay que aprovecharla sin pérdida de tiempo cuando nos llega.

Le queda lo que al burro viejo:
el pedo y el rebuzno

Referencia a las personas en quienes el paso de los años se resiente, y a las que sólo les queda algún rasgo de su carácter de ayer, junto con los achaques de la edad.

Lo conozco como si lo acabara
de desensillar

Señala burlescamente que se conocen todos los defectos de alguno, a quien la persona que emite el dicho compara con su cabalgadura.

Lo que hace el mono
hace la mona

Satiriza a quien imita servilmente los gestos y modos de ser de otro.

Llamarada de petate

Así se le dice en México al entusiasmo muy vivo, pero completamente efímero.

El **petate** levanta al arder una llamarada, que lo consume en un momento y de inmediato se apaga.

Petate es una palabra de origen náhuatl, con la que se designa una estera tejida de tiras de hoja de palma.

Llegando
y haciendo lumbre

Se aplica a quien tan pronto llega a un lugar actúa con acierto o fortuna y logra éxito.

Llegar
después del atole

Presentarse con retraso, cuando no es tiempo ya de tratar el

111

LL

asunto que motivaba la cita; como la persona que, invitada a tomar atole, llega cuando el convite ha concluido y se ha levantado la mesa.

Llegar la lumbre
a los aparejos

Encontrarse al borde de una situación extremadamente difícil.

Llevarse (a alguno)
entre las espuelas

Aprovecharse de un inexperto o ingenuo, valiéndose de artimañas y mala fe.

Llorarle al hueso

La pintoresca expresión alude a los festejos que en México se llevan a cabo en los cementerios, con motivo de las celebraciones de difuntos, los días primero y dos de noviembre.

Mala para el metate,
pero buena para el petate

Alude a la mujer que, al unirse a un hombre en amasiato o matrimonio, resulta incompetente para las faenas domésticas, y en cambio muestra disposiciones notables para los placeres de la cama.

Mal de muchos,
consuelo de pendejos

Según este refrán, solamente los tontos se consuelan de sus desventuras considerando que otros muchos las padecen también.

Mamar
y beber leche

Gozar abusivamente de dos beneficios simultáneos, de los cuales nada más se tenía derecho a uno.

M

El becerrito se pega a la ubre de la vaca; y luego, en un descuido del establero, se pone a beber de la cubeta que contiene la leche de la ordeña.

Igualmente se dice: "Mamar y comer zacate".

Marido que no es casero, canta en otro gallinero

Señala que el hombre casado que poco asiste a su hogar, es porque de seguro hace vida marital con otra mujer.

A la expresión **otro gallinero** se le da en este adagio el sentido de **otra casa**.

Más calienta pierna de varón que diez kilos de carbón

El sentido es obvio. Más le acompaña y conforta a una mujer, durante una noche de invierno, la presencia de un hombre, que el calor de la chimenea.

Más seguro, más marrao

Tomar las precauciones necesarias para afianzar alguna cosa. En el habla campesina de México, **marrao** quiere decir **amarrado.**

Más vale atole con risas, que chocolate con lágrimas

Que un modesto pasar, con tranquilidad y salud, es preferible siempre a la opulencia en medio del desasosiego o la pesadumbre.

Más vale Tianguistengo que Tianguistuve

Señala que lo que realmente importa es lo que se tiene, no lo que se tuvo, ni las pasadas grandezas.

Para expresar ese punto de vista y hacer un juego de palabras, el mencionado refrán utiliza el nombre de un pequeño pueblo del estado de México: **Tianguistengo** (en realidad **Tianguistenco,** con "c"), y el de un pueblo imaginario: **Tianguistuve.**

Más vale tortilla dura
que hambre pura

Adagio que se dice como consuelo a quien está en la pobreza, pero tiene qué comer, aunque sea muy modestamente. En otras palabras: más vale poco que nada.

Más vale una hora tarde
que un minuto de silencio

Preferible es llegar tarde a una cita, que apresurarse y sufrir un accidente mortal.

El adagio suele darse como consejo a los conductores de vehículos.

Es para los difuntos que suele solicitarse, a manera de homenaje fúnebre, **un minuto de silencio.**

Más vale un mal arreglo
que un mal pleito

Verdad inobjetable, puesto que un arreglo, por insatisfactorio que sea, es aveniencia; y los pleitos suelen complicarse y ocasionar grandes gastos y problemas.

Más valía llorarlas muertas
y no en ajeno poder

Adagio nacido sin duda como la consideración machista de algún enamorado egoísta y resentido.

Matar pulgas
a balazos

Emplear medios excesivos para fines menores.
La intención de este dicho es claramente irónica.

M

Me admira que siendo arpero
no sepas la chirimía

Sorpresa y desaprobación ante la falta de habilidad de alguno en aquello en lo que cabría suponerle muy competente.

El **arpa** es un instrumento musical mucho más difícil que la **chirimía;** y se supone que el buen **arpero** debe también dominar sin dificultad la **chirimía.**

Este dicho tiene múltiples variantes: "Me admira que siendo gato no sepas coger ratones", "Me admira que siendo sastre no sepas hacer ojales", "Me admira que siendo fraile no sepas el padrenuestro" y "Me admira que siendo galgo no sepas coger las liebres".

¿Me entiendes, Méndez;
o te explico, Federico?

Curiosa forma de preguntarle a alguno si entiende lo que se le ha dicho.

El apellido y el nombre mencionados, sólo constituye un pintoresco recurso y un pretexto para dar énfasis a la pregunta por medio de la rima.

Me hace aire
con la cola

Sólo desprecio y mofa inspira una amenaza a la que se considera insignificante.

Mejores mariposas
ha cogido mi sombrero

Dicho con el que un pretendiente despechado intenta justificarse ante sus propios ojos y los de los demás.

¡Me lleva la trompada!

Interjección de disgusto que se lanza cuando las cosas salen mal.

También se dice: "¡Me lleva la China Hilaria!", "¡Me lleva el tren!" o "¡Me lleva la tristeza!"

Mientras más uno se empina, más el culo se le ve

Significa que mientras más una persona se humilla ante otra, mayormente queda en ridículo y en evidencia.

Muerde quedito

Así se le dice al hipócrita que, bajo mansas apariencias, agrede y daña.

Muy redondo para huevo y muy largo para aguacate

Imagen verbal con que se le echa en cara su inutilidad o su mentira a algún inepto y jactancioso.

Nada sabe su violín
y todos los sones toca

Alude a la persona que, modestamente, calla sus muchas habilidades; pero las demuestra con hechos.

Nadie diga que es querido
aunque lo estén adorando

Ninguno se jacte del amor que le otorgan, pues el corazón humano es voluble y da amor con la misma facilidad con que deja de darlo.

Navegar
con bandera de pendejo

Aparentar tontería a fin de no despertar los recelos de quienes gustan de poner obstáculos en el camino de las personas inteligentes.

N

Ni a melón
me sabes

Dicho emitido por quien se considera muy superior a su rival o competidor. Es como decirle: "Eres poca cosa para mí, estás demasiado por debajo de mi nivel".

Asimismo se dice: "No me sirves ni para el arranque" o "Ni de botana me sirves".

Ni amor reanudado,
ni chocolate recalentado

Según este adagio, así como el chocolate recalentado pierde su fragancia y espuma originales, un amor que se reanuda carece de espontaneidad y está lleno de sinsabor y reconcomios.

Ni chicha
ni limonada

Con este dicho se señala a quien es insignificante, anodino, insustancial.

Con la misma intención, se dice también "Ni pinta, ni tiñe, ni da dolor".

Ni tanto que queme al santo,
ni tanto que no lo alumbre

Asegura este dicho que lo mejor es no extremar las cosas, pues tan malo es pecar por exceso como por insuficiencia.

No compro cebollas
por no cargar los rabos

Desaire con el que se zahiere a quienes, de puro oficiosos, se ofrecen de acompañantes.

Se les moteja de **rabos** por su afán de andar detrás de alguien.

No hay caldo que no se enfríe, caramelo que no empalague ni amor que no enfade

Dicho en otras palabras: en la variedad está el gusto.

No hay de piña, mucho menos de piñón

Palabras empleadas para negarle a alguno una dádiva o privilegio.

El dicho nació entre los pulqueros, quienes saben preparar pulques curados de diferentes sabores, entre ellos los de piña y los de piñón, considerados muy finos.

Existe esta variante: "No hay de piña, todo es blanco".

No hay que darlo aunque lo pidan, sólo que lo paguen bien

Que a cambio de todo esfuerzo o trabajo, debe exigirse la debida retribución.

Empleado por las mujeres de la vida airada, el dicharacho tiene un fondo de picardía.

No la chifles, que es cantada

Forma eufemística de decirle a alguno: "No la chingues".

No le tengas miedo al chile, aunque lo veas colorado

Con estas palabras, el provocador le pide a su contrincante que no se amilane y afronte el desafío con todos sus riesgos.

La expresión es de doble sentido, ya que al mencionarse el **chile** se alude no sólo al popular condimento, sino asimismo al miembro viril.

N

Nomás eso me faltaba: que uno de huarache me viniera a taconear

Afirmación de disgusto ante las reclamaciones o reproches de algún sujeto al que se juzga insignificante.

La intención de burla es manifiesta, ya que los huaraches carecen de tacones, por lo que resulta absurdo tratar de taconear con ellos.

No me asustan leones, cuatimás ratones

Dicho afrentoso de quien se jacta de su valentía y se complace en rebajar a su contrincante, al que tacha de insignificante.

No me eche inglés

El enunciado es solamente el disfraz de la expresión: "No me chingues", es decir, "No me perjudiques" o "No me amueles".

No me fijo en las echadas, sino en las que están poniendo

Con estas palabras se le hace saber a un fanfarrón que no se da crédito a sus alardes y jactancias.

Hablador o **echador** se le dice en México al petulante. Y **echadas** a las fanfarronerías.

No mueva tanto la cuna, porque me despierta al niño

Expresión picaresca que brota en labios de algún lépero pintoresco, al paso de una mujer que mueve cadenciosamente las caderas.

No rebuznan
porque Dios es grande

Alusión a la extremada tontería de alguna gente.

No se hagan
como yo era antes

Se emplea para decirles a los demás que no se hagan tontos.

Quien usa este dicho supone que él ya ha dejado de hacerse tonto.

No te arruges, cuero viejo,
que te quiero pa'tambor

Expresión empleada para pedirle a alguien que no se dé por vencido ni desfallezca.

Los parches de los tambores están hechos de cuero curtido; y si éste se arruga, no puede ya servir para tal fin.

No te ataques,
que no es boda,
sino un simple bailecito

Forma de indicarle a alguien que no abuse, que la situación no da para tanto.

No tiene la culpa
el indio,
sino quien lo hace
compadre

Significa que, en caso de abuso, es más culpable quien le ha otorgado confianza a quien es indigno de confianza, que este mismo.

Según este dicho, los indígenas son impertinentes y abusivos por naturaleza. Carece de fundamento válido tal apreciación.

N

No tiene la culpa
el pulque,
sino el briago
que lo bebe

Quien debe cargar con las culpas del alcoholismo es el borracho, y no las bebidas que ingiere.

No todo el que trae levita
es persona principal

No debe juzgarse la importancia o el valer de una persona por la ropa que lleva.

Tiene un equivalente en el viejo refrán español: "El hábito no hace al monje".

O

O cabrestean
o se ahorcan

Que se sometan y acaten las reglas o se atengan a las consecuencias.

¡Ojalá sea cola
y pegue!

Expresa la esperanza de que las cosas salgan bien.

También se dice: "Como dijo el carpintero: ¡Ojalá sea cola y pegue!"

Oler
para estornudar

Alude a los trajines y apuros de quien ocupa su tiempo en husmear vidas ajenas, con la finalidad nada encomiable de entregarse al chismorreo.

O

Ora con tambora
porque con violín se atora

Réplica burlona al terco que cambia de argumentaciones; pero insistiendo en sus puntos de vista inaceptables.

¡Ora es cuando, chile verde,
le has de dar sabor al caldo!

Exclamación entusiasta con la que se da a entender que al fin ha llegado la oportunidad largamente esperada.

También se acostumbra esta variante: "¡Ora es cuando, yerbabuena, le has de dar sabor al caldo!"

¡Ora lo verás, huarache,
ya apareció tu correa!

Con este dicho se le advierte en tono de amenaza a quien se ha estado portando mal, que ha llegado el momento de meterlo en cintura; así como el huarache que estaba inutilizado por falta de correa, al aparecer ésta puede ajustarse de nuevo al pie.

Ora me cumples
o me dejas como estaba

Advertencia que una persona agraviada hace a su agraviador, avisándole que debe reparar su falta.

El dicho suele ser empleado por la mujer que entregó su doncellez a un seductor.

Es también usual esta variante: "Ora me cumples o ves para qué naciste".

¡Ora sí, violín de rancho,
ya te agarró un profesor!

Exclamación de alegría al advertir que lo que en manos ineptas marchaba mal, encomendado a un experto funciona de maravilla.

O

O todos coludos
o todos rabones

Expresión empleada para exigir igualdad en el trato para todos, sin favoritismos de ninguna clase.

También se dice: "O todos hijos o todos entenados".

Otra vez la burra al trigo,
y la acaban de sacar

Reprobación a quien insiste en solicitar lo que se le ha negado una y otra vez.

Es también usual esta variante: "Otra vez la burra al **maíz,** y el viejito a los olotes".

Padrastros,
ni en las uñas

Que los padrastros resultan siempre indeseables, así se trate del nuevo consorte de la madre, o de las pequeñas porciones de piel que, a causa del frío, se levantan junto a las uñas de las manos y a las que se da precisamente el nombre de **padrastros.**

Padre de más de cuatro

Calificativo que a sí mismo se da el valentón, a fin de intimidar a algún pusilánime, dándole a entender: —Me considero padre tuyo y de cuatro como tú.

Pagar en tres plazos:
tarde, mal y nunca

Señala las formas en que suelen pagar sus deudas de dinero los tramposos o insolventes.

P

Pa'los toros del Jaral,
los caballos de allá mesmo

Indica que para un individuo valiente, mañoso o lleno de recursos, hay siempre otro igual de valiente, mañoso o pleno de recursos.

Equivale al adagio español: "La cuña para que apriete ha de ser del mismo palo".

Para mí quisiera el máiz
y no pal indino puerco

Áspera respuesta de quien asegura tener gran necesidad de aquello que le es solicitado por alguno al que considera despreciable.

A la manera de los rancheros de México, en el refrán se dice **máiz**, con acento en la **á**, y no maíz.

Indino significa ingrato, pícaro, malo.

Para tarugo
no se estudia

Reflexión destinada a las personas que cometen repetidos errores.

Asimismo se dice: "Para pendejo no se estudia".

Para todo mal,
mezcal;
y para todo bien,
también

Divisa de los beodos que prefieren emborracharse con **mezcal.**

El **mezcal** es una bebida alcohólica de México, que se extrae por destilación de la penca o la cabeza de algunas especies de maguey.

Es famoso el **mezcal** del estado de Oaxaca.

Para uno que madruga
hay otro que no se duerme

Que para un hombre diestro o previsor nunca falta otro mucho más diestro o mucho más previsor.

Pásale (o pásele) a lo barrido,
aunque regado no esté

Pintoresca manera de invitar a alguien a que pase al interior de la casa.

Pasarle lo que a los burros de Yuriria:
que se asustan de sus
propios pedos

Alusión a las personas asustadizas que hasta de sus propios ruidos se espantan.

Pedir chichi

Solicitar ayuda de modo humillante, reconociéndose incapaz de valerse por sí solo.

También se dice: "Pedir frías", aludiendo a las tortillas duras y frías que se reciben de limosna.

Peor es chile
y l'agua lejos

Dicho con el que alguno se consuela del contratiempo que sufre, reflexionando que existen males mayores.

Quien sufre el picor del chile y no cuenta con agua u otro líquido para mitigarlo, se siente desesperado.

Pídole a Dios por los tarugos,
para que nunca se acaben

Cínica expresión de quien se jacta de vivir a costa de los tontos.

P

Pintar un tololoche

Burlar, defraudar cínicamente, no cumplir con lo prometido. Se dice asimismo: "Pintar un violín".

Piojo resucitado

Curiosa expresión para referirse al individuo insignificante que se encumbra por azares de la fortuna y se llena de fatuidad y prepotencia, y al que se compara con los piojos a los que se suponía muertos pero repentinamente se reaniman para chupar la sangre.

¿Pobre? ¡Pobre el Diablo, que no le ve la cara a Dios!

Réplica airada de quien no está de acuerdo en que le echen en cara su pobreza.

El dicho tiene esta variante: "¿Pobre? ¡Pobre el Diablo, que vive en el infierno!"

Poner Zapatería en la calle de los cojos

Alusión al fracaso de un negocio por evidentes errores de cálculo.

También se dice: "Poner tienda de guantes en la calle de los mancos".

Prietas, hasta las mulas son buenas, como que patean muy fuerte

Piropo muy mexicano que mezcla la alabanza con el exabrupto, y que se dice al paso de alguna mujer morena que taconea con garbo.

Que beban agua los bueyes, que tienen el cuero duro

Lema del dipsómano, y réplica que utiliza cuando le ofrecen un vaso de agua o agua mezclada con la bebida alcohólica.

¡Que digan misa si quieren!

Hacer caso omiso del qué dirán.

Equivale al conocido refrán español: "Ande yo caliente y ríase la gente".

¡Qué lindo se ve mi Dios cuando lo visten de charro!

Peregrina y muy mexicana exclamación de asombro y regocijo.

Q

¿Qué, mis enchiladas no tienen queso?

Quien emite este dicho reclama la atención o el servicio a que se considera con derecho.

Existe esta variante: "¿Qué, mis pesos no tienen águila?

¡Qué molito, que bien pica!

Aplícase al sujeto que molesta con sus murmuraciones o bromas pesadas.

Querer echar machincuepas en casa de los maromeros

Advertencia a quien pretende realizar de modo mediocre y deslucido lo que otros, en el mismo lugar, hacen a la perfección.

¡Qué suerte tienen los que no se bañan!

Chanza dirigida a quien se ve favorecido por las circunstancias.

Tiene esta variante: "¡Qué suerte tienen los que no oyen misa!"

¡Que te mantenga el gobierno!

Se emplea este dicho, a manera de negativa y recriminación, con quien se propasa en sus exigencias o peticiones.

¡Que tu boca se haga chicharrón!

Réplica a quien nos hace un mal augurio, respondiéndole con el deseo de que su boca se frunza como el chicharrón.

¿Quién manda:
don Chepe a los burros?

Reconvención a quien suplanta a otra en el mando, o se apropia de facultades que no le corresponden.

Quién quita pase
y se ensarte

Con estas palabras expresamos el anhelo de que un hecho o maniobra haga que las cosas ocurran conforme a nuestro deseo.

Evidentemente, el dicho se inspiró en el juego de feria en el cual los jugadores hábiles o afortunados ensartan con aros los premios.

¿Quién te mete,
Juan copete?

Expresión rimada con la que se echa en cara a alguno su entrometimiento.

Quítele el usté
y tratamos

Petición de que haya confianza y se evite el protocolo para facilitar el trato.

El pronombre personal **usted** se utiliza aquí haciendo apócopa: **usté.**

¡Quíubole!

Locución popular que se usa a manera de saludo y equivale a las expresiones ¡hola!, ¿qué ocurre?, ¿que le hubo? y otras semejantes.

Rajarse
como los meros machos

Desdecirse de lo convenido.

En opinión de algunos paremiólogos este dicho constituye una paradoja. Lo cierto es que los machos son bravucones y, por lo mismo, a menudo faltan a la palabra empeñada. Un hombre no se **rajará;** un macho sí.

Rajarse es incumplir.

Existe una variante de este dicho: "**Rajarse** como los meros **hombres**", en el cual la paradoja sí es evidente.

Rascarse
con sus propias uñas

Atenerse a los propios medios para el propio beneficio.

R

Regar la calzada

Fallar, cometer errores palmarios.

El origen de esta expresión podría ser el siguiente:

Se cuenta que, antes de que existiera una adecuada red de drenaje en la ciudad de México, se utilizaban carros tirados por mulas para trasladar las aguas negras fuera de la zona urbana. En ocasiones, se abría por descuido el depósito de las aguas nauseabundas mientras el vehículo avanzaba, y los transeúntes le gritaban al conductor: "¡Vas regando la calzada!"

Más simplificadamente se dice: **regarla.**

Regular
pa'ser del páis

Respuesta que suelen dar algunos comerciantes a quien se les pregunta por la calidad de un artículo nacional.

La expresión es propia del afán extranjerizante que considera de clase superior a los productos procedentes de otros países.

La gente del campo acostumbra decir **páis,** con acento en la **á**, en vez de **país**, con acento en la **í**.

Repetir
el colorado

Referencia a los hechos de interés —por lo común afortunados— que se repiten.

El dicho procede del lenguaje del juego de la ruleta, en el cual hay dos series de números: los negros y los rojos o **colorados,** que en ocasiones se se repiten para beneplácito del apostador que ha elegido el número y el color que vuelven a salir premiados.

Resultar como la chía:
espesa, babosa y fría

Dicharacho injurioso con el que se alude a alguna mujer para tildarla de fastidiosa, boba y frígida.

R

Rezarle a Dios
y venderse al Diablo

Ser muy rezandero, pero valerse de toda clase de infamias para encumbrarse o lograr alguna otra finalidad.

Romper el turrón

Iniciar el tuteo. Es decir, con este modismo se alude a la muestra de confianza en el trato, consistente en cambiar el pronombre **usted** por el pronombre **tú.**

Sacar al buey
de la barranca

Tarea difícil en extremo, salir del atolladero.

La gente del campo sabe lo difícil que resulta sacar del atascadero a un buey embarrancado.

Sacar los trapitos
al sol

Sacar a la luz los defectos y culpas de alguno.

Salir de su máiz
podrido

Deshacerse de lo inútil y que desde mucho tiempo atrás estorbaba.

S

Este dicho se aplica de preferencia al padre de familia que al fin logra casar a una hija pobre, fea o entrada en años.

Salir junto
con pegado

Dicho empleado por quien considera que, véasele por donde se le vea, el resultado de la propuesta que le hacen será negativo para él.

Salirse
del huacal

Propasarse en actos y/o palabras.

El dicho compara a quien se desmanda, como las aves cautivas que se escapan del **huacal.**

Huacal es una caja a modo de jaula, hecha de varas tejidas o de tablas delgadas, que se utiliza para transportar aves de granja, legumbres, frutas, objetos de cerámica, etcétera.

Se agradece lo fingido
como si fuera de veras

Suele contestarse de esta manera a quien hace una invitación que no se juzga sincera.

Se hace chinche
pa'que lo maten con chancla

El pintoresco dicho alude a la persona que aparenta humildad o se muestra afectuoso, a fin de granjearse la buena voluntad de alguien.

Se hace pesado el difunto
cuando siente que lo cargan

Aplícase a quien, tan pronto se ve tratado con amabilidad, se llena de exigencias y remilgos.

S

Sentirse (o creerse)
la divina garza

Alusión a la gente que, sin auténticos merecimientos, se supone a sí misma llena de superioridad y distinción.

Algunos complementan el dicho con las palabras "envuelta en huevo", lo cual constituye el colmo de la chocantería.

Con el mismo sentido, suele decirse: "Sentirse soñado (o soñada)".

Ser como el chichicuilote:
pico largo pero tonto

Señala a quienes tienen facilidad de palabra, pero no son inteligentes.

Picolargo se le dice a las personas de palabra fácil.

Chichicuilote es el nombre de cierto pájaro acuático de pico extenso, delgado y recto. No es muy listo y se deja atrapar con facilidad.

Si con atolito el enfermo va sanando:
atolito vámosle dando

Que las cosas deben hacerse a voluntad de quien las requiere o está en situación de exigirlas.

Equivale al refrán español "Al enfermo lo que pida".

El **atole** es una bebida que se hace con maíz cocido, molido, desleído en agua, hervido hasta darle consistencia. También se le llama así a toda bebida preparada con sustancias harinosas y de cierta consistencia. El **atole** es bebida propia para enfermos.

Si esa araña me picara,
San Jorge sería pendejo

Réplica burlona ante los amagos de algún sujeto al que se considera muy poca cosa.

Para los creyentes, San Jorge es el santo protector contra las mordeduras de insecto.

R

En torno al dicho de que nos ocupamos, se compuso esta curiosa copla:

> "Ni creas que tu linda cara
> me deja de amor perplejo.
> Ay de mí si me dejara;
> pero ya ves, no me dejo.
> Si esa araña me picara,
> San Jorge sería pendejo".

Si eso dice pan de huevo, ¿qué dirá semita de agua?

Ante el relato de las pobrezas sufridas por otra persona, quien juzga que su situación personal es mucho peor, emite el dicho.

La **semita de agua** es de calidad inferior al **pan de huevo.**

Si se alivia el enfermo, ¡bendito San Alejo! y si se muere, ¡Ah, qué médico tan pendejo!

El versito censura a la gente que atribuye todo buen suceso a la voluntad divina, sin reconocer jamás los méritos de las personas que les han servido para salvar alguna aflictiva situación; pero a la que sí culpan en caso de fracaso.

Sólo que la mar se seque no me bañaré en sus olas

Certeza de que habrá de lograrse aquello que va a intentarse. Que los océanos se sequen es poco menos que imposible.

Soy tarugo, pero Dios me ayuda

Con estos términos la persona tachada de tonta replica que, aunque así sea, cuenta con la ayuda divina para manejarse con buena suerte.

Tacones que no hacen ruido, de pendejo o de bandido

Se aplica con intención de burla a quienes no hacen ruido al andar.

Los ladrones caminan con sigilo para no ser descubiertos. Y tontos hay que no saben siquiera pisar fuerte.

¡Tanto cuero y yo sin zapatos!

Exclamación quejumbrosa del hombre solitario que carece de compañía femenina en un medio en el que abundan las mujeres bellas.

Cuero se le dice en México a la mujer hermosa.

T

Tanto quiere al Diablo a su hijo, hasta que le saca un ojo

Significa que los mimos excesivos echan a perder.

El refrán se utiliza con frecuencia para referirse a los padres consentidores y al daño que a fin de cuentas causan a sus hijos.

Tanto tiempo de atolera y no saberlo menear

Reproche a quienes tienen años dedicados a una actividad y aún son ineptos en ella.

Se aplica, con intención pícara, a las mujeres.

Taparle el ojo al macho

Fingir, aparentar para salir del paso.

Los arrieros acostumbran taparles los ojos a las bestias durante las maniobras de carga, a fin de que no se asusten.

Macho se le dice al mulo.

Te asustas de la mortaja y te abrazas al muerto

Censura a quien hace aspavientos ante las faltas de los demás; y en cambio se desentiende de sus propias culpas, que son muy grandes.

Te caíste del mecate

Dejar al descubierto las evidencias de un ardid o trampa.

Te das golpes de pecho nomás cuando te atragantas

Reconvención al hipócrita que, con el deseo de impresionar a los demás, da muestras exageradas de fervor religioso.

146

T

Te haces que la Virgen te habla, cuando ni te parpadea

Alude a quien se finge inocente de sus culpas.

También se refiere a las personas dadas a exagerar sus habilidades o virtudes.

Te la doy de sacristán, si me la consigues de cura

Réplica sarcástica con que hurta el bulto la persona a la que otra le solicita su ayuda para obtener un empleo o canonjía.

Todo da en el dedo malo

Refrán fatalista según el cual la mala suerte atrae a la mala suerte, y donde se acaba de sufrir una desgracia se produce otra.

Tú lo dirás de chía, pero es de horchata

Que lo que alguno dice en broma es verdadero. Es lo mismo que decir: "Tú lo dirás de chiste, pero es verdad".

Una cosa es Juan Domínguez
y otra cosa es no me chingues

Adagio con el que se le advierte al abusivo que se le ha descubierto su juego, y que no debe confundir la amistad con la tontería.

Chingar es verbo que en México significa hacer daño, agraviar, molestar, herir.

El refrán tiene estos equivalentes: "No confundas la gimnasia con la magnesia", "No confundas el culo con las témporas" y "Una cosa es la amistad y el dinero es otra cosa".

Una es la cuenta del borracho
y otra la del cantinero

El beodo se pone necio y alega que ha ingerido menos copas de las que en realidad tomó. El cantinero, por su parte, trata de abusar de la embriaguez del cliente para cobrarle de más.

U

El dicho se aplica a diversas circunstancias en las que cada cual ve sus intereses y quiere aprovecharse del otro.

Una pura
y dos con sal

Eufemismo usado para decirle a alguien que va a obtener de nosotros una pura tiznada.

Unos vienen a la pena
y otros van a la pepena

Alude a los velorios, donde algunos parientes y amigos del difunto asisten llevados por el dolor que los embarga, y otros van con el interés de ver qué pertenencia del finado pueden llevarse como recuerdo.

La palabra **pepenar** es una voz mexicana que significa recoger las cosas de valor que están regadas por el suelo.

Untar la mano

Se trata de la antigua costumbre mexicana de sobornar.

Durante el virreinato, en España se le llamaba **unto de México** a la plata de los cohechos y sobornos.

Vale más salvar a un crudo
que redimir a un cautivo

Salvar a un **crudo** es ayudarlo a sobrellevar el malestar ocasionado por las copas ingeridas el día anterior. El tratamiento usual en estos casos consiste en darle de beber nuevamente.

Cruda se le llama en nuestro país a la indisposición que se sufre después de una borrachera. Y **crudo** se le dice a quien la padece.

Valer bolillo

El modismo designa algo —persona o cosa— que carece de significación o valor.

Bolillo es el nombre del pan de trigo de precio más bajo en México.

V

¡Válgame San Cuilmas el petatero!

Pintoresca invocación a un santo imaginario. Suele emplearse en son de broma cuando se enfrenta alguna leve contrariedad.

¡Vámonos muriendo todos, que están enterrando gratis!

Exclamación con la que, en un grupo de personas reunidas, alguna de ellas da la voz de que ha llegado la hora de retirarse.

El dicho tuvo su origen en antiguas épocas de peste, cuando las autoridades sepultaban gratuitamente a los que fallecían, para evitar que se propagara más la epidemia.

Viejo, pero no espueleado

Réplica del hombre de avanzada edad que se considera bien conservado.

Espueleado equivale a muy trabajado y maltratado.

Vivito y coleando

La expresión alude a la persona que reaparece después de una larga ausencia y a quien ya se daba por muerta.

Voltearse el chirrión por el palito

Volverse una situación en contra, convirtiéndose el acusador en acusado.

Chirrión se le llama en México al látigo tosco y grueso, hecho de correas trenzadas. El **palito** es su mango.

¡Voy con mi hacha!

Ahora voy yo, ahora entro en acción con mi valer y mis propios medios.

¡Voy que te confundo, mundo!

Chusca expresión que se emplea para satirizar a quien anuncia, a bombo y platillo, la inocentada que piensa llevar a cabo y con la que supone asombrará a todos.

Ya chole
vendió su rancho

Expresión que se utiliza para hacerle saber a alguno que molesta con la insistencia de sus palabras o actitudes.

Es eufemismo para decir: **"Ya chocas".**

Y a don Quele,
¿que le importa?

Reconvención al entrometido, diciéndole que el asunto que motiva sus comentarios y aspavientos, no es de su incumbencia.

Ya estará, jabón de olor,
ni que perfumaras tanto

Con este dicho se critica burlonamente al presuntuoso y remilgado.

Y

Jabón de olor le dicen los rancheros al jabón de tocador, caracterizado por su delicada fragancia.

¡Ya le estamos
dimos dando!

Curioso galimatías con el que alguno exclama que se incorpora de inmediato a una determinada tarea o maniobra.

Ya lo dijo San Andrés:
el que tiene cara de pendejo,
lo es

Que los tontos tienen rostro y apariencia de tontos.

Ya porque nació en pesebre
presume de niño dios

Alusión a quien se jacta de su origen opulento. Es como decirle que si Jesucristo nació en un pesebre, también las mulas nacen en pesebre.

Ya te conozco, pepita,
antes que fueran melón

Te conozco desde hace tiempo y no puedes engañarme, pues sé bien qué clase de mañas tienes.

Zacatito verde
lleno de rocío

Eufemismo utilizado para expulsar de un lugar al impertinente o al intruso.

El término **zacatito** equivale aquí a la interjección **¡sácate!**, que con carácter imperativo se dice por **¡fuera de aquí!**

Zapatos que no hacen ruido,
de pendejo, bruja o bandido

Según este adagio, los tontos, los pobres y los rateros caminan silenciosamente.

Bruja se le dice en México a la persona sin dinero.

Impreso en:
Impresiones Alfa
Gral. Gómez Pedraza No. 13
Col. San Miguel Chapultepec
11850 - México, D.F., Marzo 2004